Islam – Christentum

Islam - Christentum

Eine aktuelle Herausforderung

WeG Verlag

Autor: Leo Tanner in Zusammenarbeit mit Jean-Marie Frey

WeG Verlag

Covergestaltung: D&D Medien GmbH, www.ddmedien.com

Druck: Fuck, Druckerei und Verlag, D-56072 Koblenz

1. Auflage 2011

ISBN 978-3-909085-68-2

Inhaltsverzeichnis

Vorwort

Die Schriften des WeG-Verlages möchten zu einzelnen religiösen Fragen und Themen erste und leicht verständliche Zugänge schaffen. Sie gehen zumeist auf Vorträge zurück, die nun in schriftlicher Form einer breiteren «Zuhörerschaft» zugänglich gemacht werden.

Weshalb es zu dieser Schrift kam ...

Ausgelöst wurden die Vorträge zum Islam durch die Annahme der Eidgenössischen Volksinitiative «Gegen den Bau von Minaretten» am 29. November 2009. Entgegen der auf Umfragen beruhenden Voraussagen haben 57,5 % der Abstimmenden die Initiative angenommen. 53,4 % der stimmberechtigten Schweizerinnen und Schweizer nahmen an der Abstimmung teil. Die Initiative verlangte, folgenden Text in die Bundesverfassung aufzunehmen: «Der Bau von Minaretten ist verboten».

Dieses Resultat hat weltweit ein grosses Echo ausgelöst. Es zeigte unter anderem auf, dass die Angst vor dem Islam weit verbreitet ist. Umfragen nach der Abstimmung haben ergeben, dass insbesondere die Mehrheit der jüngeren Generation gegen den Bau von Minaretten war und die Ablehnung befürwortete. Dabei war, neben persönlichen negativen Erfahrungen mit Muslimen, die Verunsicherung der eigenen – eben meist nicht mehr christlichen – Identität der Hauptgrund, welcher zur Annahme der Initiative führte. Denn eigene Verunsicherung führt schnell zu Angst und Ablehnung allem Fremden und scheinbar Bedrohlichen gegenüber.

Damit ist der Islam auch bei uns in der Schweiz zu einem Thema geworden, dem man sich stellen muss. So sind die Bibelgruppen Immanuel an mich herangetreten mit der Bitte, ihnen darzulegen, um was es beim Islam geht, wie wir heute die Muslime bei uns verstehen und wie wir ihnen das Evangelium bezeugen können. Bei meinem spontanen Ja war ich mir der Komplexität dieser Anfrage nicht bewusst. Mehr und mehr habe ich entdeckt, wie unterschiedlich, ja sogar widersprüchlich über den Islam geschrieben wird. Dabei fühlte ich mich als Nicht-Islamwissenschaftler in manchen Fragen überfordert und versuchte mich deshalb soweit wie möglich kundig zu machen.

Das öffnete mir selbst mehr und mehr die Augen. Das Verständnis dessen, was der Islam ist und auf welchen dogmatischen Grundlagen er beruht, liessen mich aufhorchen. Manche Ereignisse – vor allem in islamischen Ländern – wurden verständlicher.[1] Zugleich erschreckte mich, mit welcher Oberflächlichkeit und Unwissenheit - ich lebte bisher auch so – heute auch in kirchlichen Kreisen mit dem Islam umgegangen wird.

Das Ziel

Diese Schrift will all jenen, die sich bisher noch nicht oder nur am Rand mit dem Islam auseinandergesetzt haben, einen ersten Zugang dazu eröffnen. Sie wendet sich (aus katholischer Sicht) bewusst an Christinnen[2] und Christen, um ihnen erste grundlegende Informationen zum besseren Verständnis des Islam darzulegen. Dazu gehört wesentlich auch der Vergleich zwischen dem Islam und dem Christentum. Am Ende der Schrift gehe ich noch auf einige Fragen ein, die an mich herangetragen wurden.

Eine wesentliche Chance im Vergleich mit einer anderen Religion kann darin bestehen, dass wir vertieft unsere eigene Identität als Christen entdecken und lieben lernen. Und das wiederum ermöglicht uns, ohne Angst freundschaftliche Beziehungen mit Muslimen zu pflegen und in Wort und Tat das Evangelium zu bezeugen. Dazu möchte ich mit dieser Schrift vor allem ermutigen! Deshalb sind immer wieder Erfahrungsberichte und Interviews eingefügt.

Zu den Koranübersetzungen

Nach muslimischer Auffassung kann der Koran nur in der arabischen Sprache richtig gelesen und verstanden werden. Da es uns nicht möglich ist, so schnell Arabisch zu lernen, halten wir uns in dieser Schrift an die Koranübersetzung von Rudi Paret, der als Fachmann in dieser Frage anerkannt ist. Koranzitate, die nicht von ihm stammen, sind jeweils eigens vermerkt.

---

[1] Da dieses Buch im Zeitfenster von September 2010 bis Februar 2011 geschrieben wurde, wurden manche Ereignisse aus dieser Zeit als Beispiele eingebaut. Die Zukunft wird zeigen, welche Folgen die ab 2011 begonnenen Volksaufstände für den Islam haben werden.

[2] Weil das Wort «Christen» in dieser Schrift phänomenologisch und nicht geschlechtsspezifisch verstanden wird, wird in Zukunft der Einfachheit halber auf die weibliche Form verzichtet.

Formale Hinweise

In dieser Schrift sind Bibelzitate, Texte des Zweiten Vatikanischen Konzils, Interviews, persönliche Erfahrungen wie auch einzelne Worte, die besonders hervorgehoben werden, *kursiv* gedruckt. Farblich hinterlegt sind Texte, die eine Zusammenfassung darstellen oder einen Inhalt prägnant darstellen möchten.

Mit ——— ——— gekennzeichnet sind Erfahrungen und Interviews, die als Einschübe in den Text eingefügt wurden.

Dank

Ich danke allen ganz herzlich, die mich in der Ausarbeitung dieser Schrift unterstützt und begleitet haben. Mein Dank gehört besonders Jean-Marie Frey für seine engagierte Mitarbeit, Theresa Herzog für die formalen Korrekturen, Dr. Heinz Gstrein (Orientalist) für die Beantwortung einiger Fragen, Yusuf Engin, «Walter Kuster» für die Interviews sowie Hassan, Christoph Kohl und Albrecht Hauser für die Abdruckerlaubnis der Zeugnisse und ihrer Texte. Einen besonderen Dank sage ich dem ganzen Verlagsteam für die ehrenamtliche Mitarbeit.

Möge diese Schrift dazu beitragen, dass die Wahrheit und Schönheit des Evangeliums uns selbst erfülle und viele sie neu erfahren.

Leo Tanner

1. Einführung

Gleich zu Beginn einige grundlegende Aspekte, die später dann noch ausführlicher dargelegt werden.

1.1. Zum Islam

Jeder vierte Mensch auf der Welt ist Muslim: Der Religionsgemeinschaft gehören laut einer Studie des US-Instituts Pew über Religion und öffentliches Leben insgesamt 1,57 Milliarden Menschen an.[3] In Deutschland bekennen sich etwa vier Millionen Menschen zum Islam, in der Schweiz werden es gegen 400'000 sein.[4] Der Islam ist mit rund 1,57 Milliarden Anhängern nach dem Christentum (ca. 2,2 Milliarden Anhänger) und vor dem Hinduismus (ca. 900 Millionen Anhänger) die zweitgrösste Weltreligion. Unter den Weltreligionen wächst der Islam zurzeit am stärksten, momentan mehr als zwanzigmal schneller als das Christentum.

Vielfältiges Erscheinungsbild

Das Erscheinungsbild des Islam ist wie dasjenige des Christentums vielfältig und komplex.[5] Innerhalb des Islam existieren verschiedene theologische Richtungen. Unterschiede bestehen vor allem zwischen Sunniten und Schiiten und ihren Untergruppierungen, aber auch zu Sondergruppen (wir würden diese im Christentum «Sekten» nennen). Die verschiedenen theologischen Schulen und Gelehrten stimmen in manchen Lehrfragen, in der Auslegung der Korantexte und den daraus zu ziehenden Schlussfolgerungen nicht überein.

---

[3] Eine andere Quelle spricht von 1,2 Milliarden: Islam (Religion), Britannica Encyclopedia.

[4] Gemäss der Statistik der Schweizerischen Eidgenossenschaft lebten 1990: 152'200 Muslime und 2000: 310'800 Muslime in der Schweiz. Schätzungen gehen davon aus, dass es 2010: 440'000 Muslime sind, was einem Bevölkerungsanteil von knapp 6% entspricht.

[5] Die Bandbreite der in der Schweiz lebenden Muslime reicht von liberalen, weltlichen und modernen bis hin zu streng konservativen Gläubigen. In der Schweiz gibt es mehr als 30 verschiedene muslimische Vereine. Experten schätzen, dass nur ein kleiner Teil der hier lebenden Muslime den Islam intensiv praktiziert, höchstens 15%.

Jedes muslimische Land hat seinen sozio-kulturell bedingten eigenen Islam. Grosse Unterschiede gibt es rein kulturell zwischen dem Islam Nordafrikas und Asiens, dem Islam Chinas und Saudi-Arabiens, dem Islam der Türkei und den Muslimen in westlichen Ländern. Nicht immer kann klar zwischen der jeweiligen Kultur und der Religion unterschieden werden.

Im Islam begegnet uns der orthodoxe Hochislam, wie er an den theologischen Hochschulen auf der Grundlage des Korans, der Überlieferung und der Werke massgeblicher muslimischer Theologen gelehrt wird, aber auch der alltäglich gelebte Islam derjenigen, die nie einen arabischen Koran studiert haben. Es gibt im Islam eine gelebte Volksfrömmigkeit mit zum Teil magischen Elementen, die über das hinausgeht, was die Theologie lehrt.

Nur ein kleiner Teil aller Muslime sind Islamisten, obwohl sie einen überaus grossen und erschreckenden Einfluss ausüben. Ein grosser Teil sind säkularisierte Muslime, die nicht viel nach ihrer Religion fragen. Es gibt viele rechtschaffene Muslime, die nach ihrem besten Gewissen, Gott zu dienen, bemüht sind und unsere Hochachtung verdienen. Neben dem gesetzlichen Islam, bei dem man wenig von herzlicher Gottesbeziehung spürt, gibt es im Islam auch mystische Bewegungen, bekannt als Sufismus, in welchen eine herzliche Liebe zu Gott spürbar werden.

Doch trotz des von Land zu Land unterschiedlichen Erscheinungsbildes strahlt die muslimische Gemeinschaft eine grosse Einheit in den zentralen theologischen Fragen und der praktischen Ausübung ihrer Religion aus.

Religion, Gesellschaft und Staat

Der Islam ist im Gegensatz zu unserem westlichen, christlich geprägten Verständnis nicht nur eine Religion, sondern zugleich eine Gesellschaftsform (Staat) und eine politische Autorität. Eine Trennung von Religion und Staat gibt es im Islam nicht. Das erschwert ganz wesentlich die Auseinandersetzung mit dem Islam. Denn wenn wir vom Islam reden, stellt sich immer die Frage: Was ist gemeint: Islam als Religion, Islam als Gesellschaftsform oder als politische Autorität? Das ist für unser westlich geprägtes Denken schwer nachvollziehbar.

Wie sehr Religion, Gesellschaft und Staat eine Einheit bilden, zeigte kürzlich Folgendes: Der christlich-koptische Bischof Bishoy

Islam bedeutet Ergebung, Hingabe und Unterwerfung unter Allah.

hatte im August 2010 gegenüber dem ägyptischen Botschafter in Zypern die Vermutung geäussert, einige Koranverse seien von einem Nachfolger Mohammeds, dem Kalifen Uthman, verfasst worden. Das führte in der muslimischen Welt, insbesondere in Ägypten, zu Protesten und scharfen Reaktionen. Die oberste religiöse Autorität des sunnitischen Islam bezeichnete diese Äusserungen als «Bedrohung der nationalen Einheit». Die Vereinigung islamischer Anwälte strebte ein Verfahren gegen Bishoy an mit dem Vorwurf der «vorsätzlichen Beleidigung der islamischen Religion».

Wenn wir vom Islam hören, denken wir in der Regel an eine Religion. Der Religion des Islam gegenüber gebührt wie allen Religionen Wertschätzung und Respekt. Doch der Islam ist mehr als eine Religion. Mit ihm ist eine Gesellschaftsform und eine politische Autorität verknüpft. Gerade weil sich diese zur Religion hinzukommenden Aspekte des Islam nicht (oder nur schwerlich) voneinander trennen lassen, ist die Beurteilung des Islam und der Kontakt mit ihm komplex und schwierig.

Der Begriff «Islam»

Der arabische Begriff «Islam» bedeutet «Ergebung», «Hingabe» oder «Unterwerfung» des Menschen unter Gott und seinen Willen.[6] Ein Muslim[7], der den Islam angenommen hat, bezeichnet also jemanden, der sich Gott unterwirft und hingibt.

Für uns ist es schwierig zu verstehen, dass der Islam mehr als eine Religion ist. Das zeigt sich daran, dass wir im Umgang mit dem Islam geneigt sind, ihn als eine Religion wie andere Religionen zu betrachten und zu behandeln.

Umgekehrt gehen Muslime in ihrer Vorstellung davon aus, dass sie das, was sie bei uns im Westen an Moral (besser gesagt Unmoral) in Gesellschaft und Politik erleben, mit der Religion des Christentums identifizieren müssen. Muslimen bei uns muss zuerst klargemacht werden, dass die westliche Gesellschaft und die Politik dieser Länder (z. B. der USA) nicht *das* Christentum sind, und dass Christen in vielen Bereichen anders denken und leben als öffentlich dargestellt und sie deshalb oft selbst unter der Politik und den Gesellschaftsnormen leiden. Erst wenn dies klar ist, werden sich Muslime für das Christentum interessieren können. Uns muss demgegenüber zuerst aufgehen, dass der Islam Religion, Gesellschaftsform und Staatsform in einem ist, bevor wir zu den einzelnen Fragen und Problemkreisen Stellung nehmen können.

---

6 Muslime haben darauf hingewiesen, dass «Islam» darüber hinaus auch «Friede» bedeute, denn der Begriff «Islam» sei von arab. «salam» (Friede) abgeleitet.

7 Ein Muslim (auch: Moslem) ist ein Anhänger des Islam. Die weibliche Form ist Muslimin. Das Wort «Muslim» bedeutet «der sich (Gott) Unterwerfende» oder «sich (Gott) Hingebende».

1.2. Islam – Christentum: Zwei Religionen mit Absolutheitsanspruch

Islam und Christentum sind zwei Religionen, die beide einen Absolutheitsanspruch vertreten. Das heisst, beide sind davon überzeugt, dass ihre Botschaft alle Menschen betrifft und dass die Annahme ihrer Religion sowohl für den Einzelnen wie für die ganze Menschheit der grösste Segen bedeutet.

Der Islam, im siebten Jahrhundert durch die Verkündigung Mohammeds entstanden, versteht sich als die Ur-Religion aller Menschen, die von Gott her durch den Koran offenbart wurde. Alle anderen Religionen sind, wo sie nicht mit dem Islam übereinstimmen, Verfälschungen der wahren Religion. Wahrer Friede mit Gott und der ganzen Menschheit werden nach Auffassung des Islam nur dann möglich sein, wenn alle Menschen die «eigentliche» Religion, den Islam, annehmen.

Das Neue Testament spricht an einigen Stellen von der Einzigartigkeit und Heilsbedeutung Jesu Christi für alle Menschen. Im Johannesevangelium lesen wir das Wort Jesu: *«Ich bin der Weg und die Wahrheit und das Leben; niemand kommt zum Vater ausser durch mich» (Joh 14,6).* Damit sagt der christliche Glaube provokativ, dass alle Menschen nur durch Jesus Christus erlöst werden und letztlich nur durch ihn zu Gott gelangen können.[8]

Zwei absolute Religionen kommen notgedrungen in ein gegenseitiges Spannungsfeld, ja in einen Konflikt. Wie gehen wir damit um? Ziel dieser Schrift ist es, diejenigen Informationen bereitzustellen, die es uns ermöglichen, einander besser zu verstehen, auch im Umgang mit dem gegenseitigen Absolutheitsanspruch.

Wenn zwei Religionen mit einem Absolutheitsanspruch aufeinander treffen, stellt sich natürlich die Frage: Welche erhebt diesen Anspruch zu Recht? Mit dieser Frage wollen wir uns in dieser Schrift beschäftigen, indem wir die beiden Religionen einander

---

[8] Weitere Texte: Die Apostel bezeugen vor dem Hohen Rat: *«Er (Jesus) ist der Stein, der von euch Bauleuten verworfen wurde, der aber zum Eckstein geworden ist. Und in keinem anderen ist das Heil zu finden. Denn es ist uns Menschen kein anderer Name unter dem Himmel gegeben, durch den wir gerettet werden sollen» (Apg 4,11–12).* Diese Wahrheit bezeugt auch der Timotheusbrief: Denn: *«Einer ist Gott, Einer auch Mittler zwischen Gott und den Menschen: der Mensch Christus Jesus, der sich als Lösegeld hingegeben hat für alle,...» (1 Tim 2,5–6)*

gegenüberstellen. Ein erster Punkt besteht darin, die «Gründer»[9] der beiden Religionen zu betrachten: Wie hat Jesus von Nazaret[10] und wie Mohammed gelebt? Was lässt sich, ausgehend von ihrem Leben, auf die Wahrheit schliessen, die sie vertreten?

Viele Unterschiede werden offenbar, wenn wir die unterschiedlichen Sichtweisen der beiden Religionen zu verstehen suchen. Die Annahme der unterschiedlichen Sichtweisen hilft Christen und Muslimen, einander besser zu verstehen. Für uns ist es wichtig, zuerst den Islam, so wie er sich selbst versteht, kennenzulernen.

Die Grundlagen betrachten

Den Islam gibt es nicht, genauso wie es *das* Christentum auch nicht gibt. Um einer Religion gerecht zu werden, darf nicht eine persönlich mehr oder weniger sympathische Erscheinungsform der entsprechenden Religion betrachtet werden, sondern es ist von den Wurzeln und der Lehre, wie die entsprechende Religion sich selbst versteht, auszugehen. Für die Betrachtung der katholischen Kirche würde dies vergleichsweise heissen, von der Bibel, den geschichtlichen Entwicklungen und den neuen offiziellen Dokumenten (den Dokumenten des Zweiten Vatikanischen Konzils sowie des Katechismus der Katholischen Kirche) auszugehen.

So möchten wir hier einige grundlegende Aspekte des Selbstverständnisses des Islam aufgrund ihrer eigenen Quellen darlegen und dann jeweils mit dem Christentum, wie es in der katholischen Kirche verstanden wird, vergleichen.

Wenn im Folgenden die Grundlagen des Islam dargelegt werden und es dadurch implizit auch zu einer Wertung kommt, geht es nie um eine Wertung der Muslime selbst. Ich kenne vorbildliche und hilfsbereite Muslime. Manche von ihnen können uns in ihrer Treue zu ihrem Glauben ein Vorbild sein.

---

[9] Anders als beim Christentum versteht sich Mohammed nicht als «Gründer» des Islam, sondern als Prophet, als Überbringer. Deshalb werden die Gläubigen des Islam nicht «Mohammedaner», sondern Muslime genannt.

[10] Das Leben Jesu wird hier nicht weiter aufgeführt, da dies als bekannt vorausgesetzt wird.

2. Das Leben von Mohammed (570-632)

Informationsquellen über Mohammed

Die Ansichten eines Menschen können wir am besten verstehen, wenn wir seine Lebensgeschichte kennen. Das ist auch bei Mohammed so. Ja, vieles wird gerade aus seiner geschichtlichen Erfahrung heraus verständlich. Was wir über Mohammed wissen, stammt im Wesentlichen aus folgenden Quellen:[11]

a) Der Koran

Der Koran ist die Heilige Schrift des Islam, die gemäss dem Glauben der Muslime die wörtliche Offenbarung Gottes an den islamischen Propheten Mohammed enthält, vermittelt durch den Engel Gabriel.

b) Die Hadithen

Hadithen (arab.): Überlieferung, Bericht, Tradition. Die Hadithen sind Berichte über das, was Mohammed getan und gelehrt hat. Schon bald nach Mohammeds Tod kamen in der muslimischen Gemeinde zahlreiche Erzählungen über Mohammeds rechtliche Entscheidungen zu einzelnen Fragen, seine Verhaltensweisen und seine angeblichen oder tatsächlichen Äusserungen zu bestimmten Fragen in Umlauf, zu denen später auch Berichte über die ersten Kalifen (Nachfolger Mohammeds) hinzukamen. Die Vielfalt der Überlieferungen hat dazu geführt, dass muslimische Gelehrte im neunten Jahrhundert sechs Sammlungen zusammenstellten, die heute aus muslimischer Sicht als authentische Überlieferungen anerkannt sind.

c) Biografien über Mohammed und die islamische Geschichtsschreibung

200–400 Jahre nach dem Tod Mohammeds sind mehrere Prophetenbiografien entstanden. In der Folge davon entwickelte sich dann auch die muslimische Geschichtsschreibung.

---

[11] Die frühesten Quellen sind einige Jahrzehnte nach dem Tod Mohammeds aufgeschrieben worden. 250 Jahre nach dessen Tod fand die Endredaktion der Hadithen und des islamischen Rechtes statt.

Im Leben Mohammeds können wir drei Etappen unterscheiden:
- die ersten ca. 40 Jahre bis zu seiner Berufung zum Propheten in Mekka.
- die Zeit seiner ersten Verkündigungen, bis er nach Medina umzog.
- die letzten zehn Lebensjahre in Medina, in denen er seine Stellung als Prophet und politischer Führer der islamischen Gemeinde ausbaute.

2.1. Die ersten 40 Jahre (570–610)

Auf der arabischen Halbinsel (dem heutigen Saudi-Arabien) lebten zur Zeit Mohammeds verschiedene Stämme. In der Regel züchteten sie Kamele, Schafe und Ziegen. Einzelne Stämme betrieben auch Ackerbau in Oasen. Die arabischen Stämme lebten ausser von der Viehwirtschaft auch von Raubzügen, Überfällen und vom Handel.

Der Einzelne gehörte zunächst zu seiner patriarchalisch geprägten Familie (Sippe) und, dem übergeordnet, zu seinem Stamm. Innerhalb einer Familie, einer Sippe oder eines Stammes galt absolute Solidarität und Loyalität, was Freundschaft oder Feindschaft gegenüber Mitgliedern anderer Stämme betraf.

Zur Glaubenssituation

Die religiöse Situation zur Zeit Mohammeds war vielfältig: Es gab Juden, Christen und vor allem traditionell altarabische Gläubige. Seit dem ersten Jahrhundert n. Chr. sind auf der arabischen Halbinsel verschiedene jüdische Siedlungen und auch jüdische Stämme bezeugt. Wenn der Koran später die Juden erwähnt, gebraucht er zwei verschiedene Bezeichnungen, nämlich entweder «Kinder Israels» oder «Juden».

Auch Christen gab es mindestens seit dem 5. Jahrhundert in mehreren arabischen Stämmen auf der Halbinsel. Vielleicht waren sogar einige Stämme mehrheitlich christlich geprägt. Das Christentum war über Abessinien/Äthiopien nach Südarabien gekommen. Die Kirchen- und vor allem die Liturgiesprache der Christen war nicht das Arabische, sondern das Syrische.

Neben den Anhängern des jüdischen und christlichen Glaubens gab es auf der arabischen Halbinsel den traditionellen altarabischen

Glauben an verschiedene Götter, darunter auch drei weibliche Gottheiten. Dazu gehörte der Glaube an Geister und Dämonen. Über die Verehrung von verschiedenen Gottheiten hinaus gab es vermutlich bei einigen Stämmen auch den Glauben an einen höchsten Gott, Allah, der später von Mohammed zum einzigen Gott erklärt wurde.

Unter den vielen verschiedenen Kultstätten war die Kaaba in Mekka das wichtigste vorislamische Heiligtum.[12] Auch ihre Umgebung galt als heiliger Boden: Nicht nur im heiligen Bezirk durfte kein Mensch überfallen oder umgebracht werden, sondern auch in der Umgebung nicht, damit die jährliche Anreise zum Wallfahrtsort ungehindert vor sich gehen konnte. Als besonderer Ort der Verehrung und des Opferkultes galt innerhalb der Kaaba ein schwarzer Stein (wahrscheinlich ein Meteorit). In der Kaaba befanden sich damals auch verschiedene Götterbilder. Dort taten Priester ihren Dienst und leisteten in schwierigen Fragestellungen Hilfe.

An den Wallfahrtsstätten wurden Feste gefeiert, Verträge abgeschlossen und wurde Handel getrieben. Mekka hatte einen grossen Teil seines Reichtums den alljährlichen grossen Pilgerströmen zu verdanken.

Mohammeds Kindheit

Mohammed wurde um 570 als verarmtes Familienmitglied der Sippe der Haschemiten aus dem Stamm der Quraisch in Mekka in Arabien geboren. Der Stamm der Quraisch war der einflussreichste Stamm in Mekka, denn er hatte die Kontrolle über die wichtigste heilige Stätte ganz Arabiens, der Kaaba.

Mohammeds Vater starb noch vor dessen Geburt. Darauf nahm Mohammeds Mutter ihr Baby und zog zu ihrer Familie. Nach sechs Jahren aber erkrankte die Mutter an einem heftigen Fieber und starb ebenfalls. Von da an lebte Mohammed bei seinem Grossvater. Mohammeds Grossvater hatte die ehrenvolle Aufgabe, als Hüter der Kaaba zu dienen. Er war für die Wartung und Reinigung des Gebäudes zuständig. Doch auch dieser starb nach zwei Jahren, und so kam Mohammed unter den Schutz seines Onkels Abu Talib (jüngerer Bruder seines Vaters), der das Haupt der Sippe der Haschemiten war. In jungen Jahren arbeitete Mohammed als Schafhirte, später nahm er an zwei Reisen der Handelskarawanen in den Nor-

---

[12] Das Wort Kaaba bedeutet wörtlich «Würfel».

den (Syrien) teil. Mohammed wurde zum Handelskaufmann ausgebildet.

Als Mohammed älter wurde, verbrachte er viel Zeit rund um die Kaaba und sah, wie sich die Menschen vor den Götterbildern verneigten und Geschäftsleute ihren Lebensunterhalt damit verdienten, dass sie Figuren herstellten und verkauften. Diese Beobachtungen machten auf Mohammed einen so tiefen Eindruck, dass er schwor, als Erwachsener werde er sich niemals vor einem der Götzen verneigen.

Als junger Mann von ungefähr 20 Jahren begann Mohammed regelmässig eine kleine Höhle auf dem Berg Hira (der Mekka umgibt) aufzusuchen, um Zeit in der Meditation zu verbringen.

Mohammed arbeitet und heiratet

In der arabischen Wüste mussten die Menschen zum Überleben Handel mit anderen Gegenden treiben, da sie selbst nicht viel anbauen konnten. Eine der grössten Kamelkarawanen gehörte damals der reichsten und mächtigsten Frau in Mekka, namens Kadija. Der islamischen Geschichte zufolge heuerte Kadija Mohammed an, eine Karawane nach Syrien zu führen. Dabei fiel ihr Mohammeds ehrlicher Charakter auf. Obwohl sie schon über 40 Jahre alt war und Kinder hatte, trug sie Mohammed, ihrem 25-jährigen Karawanenführer, die Ehe an. Die Trauzeremonie wurde von Kadijas Vetter Waraqa, einem christlichen Ebionitenpriester, vorgenommen. Dieser Ehe entsprangen drei Söhne (die schon im Kindesalter starben) und vier Töchter. Die geliebte jüngste Tochter Fatima heiratete dann später Ali, welcher der vierte Kalif wurde und Anlass zum Streit um die rechte Nachfolge gab.

Mohammed empfängt die ersten Offenbarungen

15 Jahre lang führte Mohammed Karawanen, lernte von seinem ebionitischen Vetter und praktizierte seine persönliche Meditation in den Höhlen rund um Mekka. Durch die vielfältigen Kontakte kam Mohammed bereits vor seiner Berufung mit jüdischem und christlichem Gedankengut in Berührung.

Dann, im Alter von 40 Jahren (610 n. Chr.), hatte Mohammed ein mystisches Erlebnis: Es erschien ihm – wie er sagte – der Engel Gabriel. Zu Beginn von Sure 96 wird dieses Erlebnis folgender-

In dieser Höhle auf dem Berg Hira soll Mohammed oft meditiert und die ersten Offenbarungen erhalten haben.

massen geschildert: «Trag vor im Namen deines Herrn, der … den Menschen aus einem Embryo erschaffen hat! Trag (Worte der Schrift) vor!» (96,1–2). Diese Verse stellten die unmissverständliche Aufforderung dar, den Menschen etwas «vorzutragen».

Der Zeitpunkt der ersten Offenbarung kann zeitlich nicht genau festgelegt werden. In Sure 2,185 wird erwähnt, dass die ersten Offenbarungen im Monat Ramadan stattfanden.

⇨ Daraus entwickelte sich die Praxis des Ramadanfastens mit dem Fest des Fastenbrechens am Ende als Höhepunkt.

Zu Beginn seiner ersten Offenbarungserlebnisse war Mohammed nicht sofort überzeugt davon, ein Prophet Gottes zu sein. Er rechnete offensichtlich selbst mit der Möglichkeit, von einem Geistwesen besessen zu sein.[13] Erst seine Frau und sein Vetter Waraqa bestärkten Mohammed darin, dass seine Eingebungen von Gott kämen, und dass er den eigenen Landsleuten Gottes Botschaft weiterzugeben habe.

2.2. Erste Verkündigungen (610–622)

Mohammeds stille Anfänge

Mit grosser Wahrscheinlichkeit hat Mohammed seine ersten Offenbarungen zunächst seiner engsten Familie mitgeteilt. Soweit die Prophetenbiografien und Überlieferungen berichten, war Mohammeds Frau Kadija die erste zum Islam Bekehrte, gefolgt von seinem zehnjährigen Vetter Abu Talib, der bei ihnen lebte. Seinem Neffen erklärte er, um ein Muslim zu sein, müsse er sich von den Götzen lossagen und bekennen, dass es keinen Gott gebe ausser Allah. Ausserdem sagte Mohammed, der Engel Gabriel habe ihn eine besondere Gebetsregel für morgens und abends[14] gelehrt, die er an seine Anhänger weitergeben solle.

---

[13] Auch seine Landsleute, bei denen Mohammed mit seinen Botschaften zunächst keine günstige Aufnahme fand, warfen ihm dies vor. Sure 52,29–38 spiegelt einige dieser Vorwürfe wider.

[14] Später in Medina kam als Pflichtgebet das Gebet am Mittag dazu. Später noch zwei weitere Gebetszeiten.

⇨ Daraus ist eine der fünf Säulen des Islam entstanden: das fünffache tägliche Gebet.

Mohammeds Verkündigungen dieser Zeit konzentrierten sich auf zwei Schwerpunkte: Erstens die Ankündigung des kommenden Gerichtes, nach dem jeder seiner Taten entsprechend ins Paradies oder in die Hölle kommt und zweitens die Verkündigung des Glaubens an den einen Gott Allah (Monotheismus), dem keine anderen Götter an die Seite gestellt werden dürfen. Mohammed bezeichnete sich in dieser Zeit als Warner.

Anfangs hielten sich Mohammed und seine Anhänger unauffällig im Hintergrund. Zum Beten gingen sie in die Wüstentäler ausserhalb der Stadt, wo die Menschen sie nicht sehen konnten. Auf diese Weise setzte Mohammed sein stilles Wirken in Mekka drei Jahre lang fort.

Widerstand in Mekka

Nach drei Jahren, Mohammed war 43 Jahre alt, befahl ihm der Engel Gabriel, die Botschaft öffentlich zu verkünden. So beschloss Mohammed, die Stammesführer der Quraisch zusammenzurufen und ihnen von seinen Lehren zu erzählen. Doch bei seinen Landsleuten stiess Mohammed – bis auf wenige Ausnahmen – zunächst auf deutliche Ablehnung, und das, obwohl der altarabische Glaube wahrscheinlich bereits nicht mehr seine volle Attraktivität und Gültigkeit besass.

Die Mekkaner glaubten nicht, dass Mohammed seine Offenbarungen wirklich von Gott empfangen hatte. Sie bezeichneten die Verkündigung Mohammeds als «Schwindel», den sich Mohammed selbst ausgedacht habe (vgl. Sure 25,4–6).

Man kann annehmen, dass auch wirtschaftliche Gründe zur Ablehnung Mohammeds führten. Denn je klarer Mohammed den einen, höchsten Gott verkündete und damit alle anderen Gottheiten ablehnte, umso mehr war er für die Mekkaner eine Bedrohung, denn sie sahen durch den Monotheismus ihr Heiligtum der Vielgötterei, die Kaaba, und den damit zusammenhängenden blühenden Handel gefährdet. Auch passte ihnen die von Mohammed geforderte Solidarität mit den Armen nicht.

Doch da Mohammed unter dem Schutz seines Onkels Abu Talib stand, konnten die Leute von Mekka Mohammed nicht töten und mussten sich damit begnügen, ihn zu schikanieren.[15] Aber nachdem dieser Onkel gestorben war und Mohammed keine Möglichkeit hatte mit einer anderen einflussreichen Person ein Schutzbündnis einzugehen, begannen die Leute aus dem Stamm der Quraisch, starken Druck auf Mohammed und die Bekehrten auszuüben. Sie versuchten Mohammed und seine Anhänger von ihrem neuen Glauben wieder abzubringen. So beschlossen sie, die Muslime und den gesamten Clan Mohammeds zu boykottieren.

Diese Feindseligkeit veranlasste Mohammed, einen Teil seiner Anhänger für einige Zeit ins christliche Königreich nach Äthiopien zu schicken, wo diese grosszügig aufgenommen wurden. Auch Mohammed verliess mit anderen Muslimen die Stadt, um sich in einem Wüstental in der Nähe niederzulassen. Sie überlebten dank der Lebensmittel, die ihnen heimlich von Sympathisanten und Freunden gebracht wurden. Während dieser ganzen Zeit berichtete Mohammed von weiteren Offenbarungen des Engels Gabriel, die dann später im Koran festgehalten wurden. Oft bestanden die Offenbarungen aus Zurechtweisungen an jene, die Mohammed verfolgten.

Nach zwei oder drei Jahren beschlossen die Führer der Quraisch, den Boykott zurückzunehmen. Mohammed und seine Leute kehrten nach Mekka zurück, praktizierten dort weiter den Islam, und Mohammed verkündete seine Botschaft.

Die Botschaft Mohammeds in Mekka war klar religiös. Sie lautete: Die Menschen müssten sich von ihren Götzen lossagen, Allah als den alleinig wahren Gott und Mohammed als den Propheten Allahs annehmen, sich auf das kommende Gericht vorbereiten, dazu die vorgeschriebenen Gebete verrichten, nicht die Ehe brechen, keine Neugeborenen lebendig begraben sowie soziale Gerechtigkeit ausüben gegenüber den Witwen, Waisen und Armen. Doch ausser einigen wenigen Gläubigen aus der Unterschicht Mekkas folgte Mohammed niemand.

In Mekka hatte sich Mohammed dreizehn Jahre lang kooperativ und tolerant verhalten und keine Neigung zur Gewalt gezeigt. Er verzieh denen, die ihm Schaden zugefügt hatten.

---

[15] Abu Talib, als Oberhaupt der Sippe der Haschemiten, gewährte Mohammed Schutz, obwohl er selbst kein Muslim geworden war.

2.3. Umzug nach Medina und Ausbau der Sendung (622–632)

In der nun folgenden Zeit kam Mohammed mit den kriegsführenden grossen Stämmen aus der Stadt Medina, den Auz und den Chazraj, in Kontakt. Diese Stämme reisten auf ihrer jährlichen Pilgerfahrt nach Mekka, um ihre Götter anzubeten. Nachdem sie ihre Kulthandlungen beendet hatten, trafen sich einige ihrer Vertreter bei Nacht mit Mohammed und schlossen mit ihm ein militärisches Bündnis.[16] Mit diesem Bündnis gewährten sie Mohammed und seinen Anhängern nach den damals geltenden Stammesgesetzen Schutz und Sicherheit in ihrer Stadt Medina.

Übersiedlung nach Medina: Der Islam beginnt

Medina[17] war kein festgefügtes soziales Gebilde wie Mekka, das von den Quraisch beherrscht wurde. Vielmehr waren in Medina unter den insgesamt elf grösseren Clans zwei arabische Stämme, Auz und Chazraj, und drei jüdische Stämme. Damals schlossen sich einige der einflussreichsten Mitglieder der Stämme Auz und Chazraj Mohammeds Verkündigung an und wurden Muslime.

Als Folge des Bündnisses mit den beiden stärksten Stämmen von Medina begann Mohammed, seine Anhänger in kleinen Gruppen von Mekka nach Medina zu übersiedeln. Die Übersiedelung bezeichnete Mohammed als «Pilgerfahrt».

Die Ankunft Mohammeds in Medina am 16. Juli 622 n. Chr. ist ein entscheidendes Datum im islamischen Denken: der Beginn des Islam. Es ist der Beginn einer neuen Zeit, die mit der muslimischen Zeitrechnung zum Ausdruck gebracht wird, dem Jahr 0 im islamischen Kalender.[18]

---

[16] Es ist möglich, dass es Mohammed gelungen war, zwischen diesen beiden verfeindeten Stämmen Frieden zu schliessen.

[17] Diese Stadt hiess ursprünglich Yathrib und wurde später in madinat an-nabi (Stadt des Propheten) kurz: Medina umbenannt. Medina liegt ca. 350 km nördlich von Mekka.

[18] Der islamische Kalender rechnet bis heute nach dem Mondjahr und nicht nach dem christlichen Sonnenjahr. Das Mondjahr hat 6 Monate mit ungefähr 29 und 6 Monate mit etwa 30 Tagen, also insgesamt 354 Tage im Jahr. Die Tatsache, dass das islamische Jahr etwa 11 bis 12 Tage kürzer ist als das christliche Jahr, bewirkt, dass die 12 Monate des islamischen Jahres immer wieder rückwärts durch das ganze Sonnenjahr hindurch wandern, also derselbe Monat einmal im Sommer und einmal im Winter liegen kann.

⇨ 622 n. Chr. ist der Beginn der islamischen Zeitrechnung mit dem Jahre 0.

Auch werden die Suren des Korans in die Zeit vor und die Zeit nach der Übersiedelung (Pilgerfahrt) eingeteilt und als «mekkanische» bzw. «medinensische» Suren bezeichnet.

Die «Umma», die muslimische Gemeinschaft

In Medina vollzog sich die entscheidende Wende im Leben Mohammeds und somit in der Entwicklung der islamischen Religion. Es gelang ihm, zwischen den verfeindeten Stämmen Frieden zu stiften. Durch die Annahme des Islam und die Anerkennung Mohammeds als Propheten traten verschiedene Stämme in Medina durch einen 623/624 n. Chr. beschlossenen Bündnisvertrag, der sogenannten «Gemeindeordnung von Medina», miteinander in eine neue Art von politisch-religiöser Beziehung.

Hier zeigte sich die besondere Begabung Mohammeds: Er kam mit einer Schar Menschen, die Heimat und Arbeit verloren hatten nach Medina und erreichte, dass hier eine neue Gemeinschaft unter den vorher verfeindeten Stämmen entstand. Die Neubekehrten nahmen die Flüchtlinge aus Mekka auf. Sie teilten mit ihnen. Für die Kranken und Armen wurde gesorgt. Eine Gemeinschaft des Mit- und Füreinanders entstand. Damit bewies er soziales Handeln.

Die «islamische Urgemeinde», die so in Medina entstand, baute auf dem Prinzip der Geschwisterlichkeit auf. In Sure 49,10 heisst es: «Die Gläubigen sind doch Brüder». Ein Stück heile Welt: die islamische Gemeinschaft, die «Umma».[19] Dadurch bekam Mohammed nicht nur die Rolle eines Propheten, sondern immer mehr auch jene eines sozialen Organisators. Er entwickelte sich zum politischen und militärischen Führer. In Medina entstand das, was der Islam eigentlich sein will: eine Gesellschaft mit theokratischer Regierungsform, in der die islamischen und staatlichen Gebote eins sind.

Dazu brauchte es ein staatliches Gebilde, welches das islamische Recht praktizierte und durchsetzte. In Medina wurde dies erfüllt. Als Folge davon war Mohammeds Botschaft nun nicht mehr nur mit dem Jenseits beschäftigt, sondern auch mit den praktischen Dingen des Lebens und dem öffentlichen Gemeinwesen.

---

[19] Arab. umma = Gemeinschaft, Gemeinde, Nation.

⇨ In der Umma zeigt sich ein zentraler Aspekt des Islam: die Einheit von Religion, Gesellschaft und Staat.

Noch vor dem Ende seines ersten Jahres in Medina verkündete Mohammed, Allah habe ihm die Erlaubnis zum Kampf gegeben. Während der ersten beiden Jahre in Medina führte Mohammed einige Überfälle auf Karawanen und feindliche Stämme persönlich an, entsandte aber auch seine Anhänger zu weiteren Angriffen. So wurde Mohammed auch militärischer Führer.

Mohammed und die Juden

In Medina befand sich die grösste jüdische Bevölkerungsgruppe Arabiens. Nachdem Mohammed dorthin übersiedelt war, hatte er jeden Tag mit Juden zu tun. Er machte Geschäfte mit ihnen, besuchte sie in ihren Häusern und ass mit ihnen. Mohammed rechnete damit, dass die Juden den Islam annehmen würden, denn er ging davon aus, dass seine Botschaft mit den vorausgegangenen Offenbarungen der Juden übereinstimme. Drei Jahre lang debattierte Mohammed mit den Juden.

Je mehr eigene Offenbarungen Mohammed hatte, desto mehr lehnten ihn die jüdischen Gruppierungen ab. Die Juden zeigten ihm Widersprüche zwischen seiner Botschaft und ihren Schriften auf. Hier stand Mohammed vor einem Scheideweg. Er hätte seinen Mangel an Wissen eingestehen und die Juden um Erklärungen bitten können. Doch er wählte einen anderen Weg. Er erklärte seine Sicht als die absolut richtige und behauptete: Dort, wo seine Botschaft mit den jüdischen Schriften nicht übereinstimme, müssten jene (die jüdischen Schriften) verfälscht worden sein.[20]

Da Mohammed fürchtete, die Juden würden sich im Falle eines Krieges seinen Feinden anschliessen und gegen ihn kämpfen, befahl er zum allgemeinen Entsetzen die Ermordung eines bekannten Juden (Kaab ibn al-Ashraf), der ihn in Gedichten kritisiert hatte. Damit veränderte sich Mohammeds Haltung gegenüber den jüdischen Stämmen. Er bekämpfte die drei Stämme der Juden in Medina und erreichte bei zweien die Auswanderung, den dritten vernichtete er 628 n. Chr., wobei die Frauen und Kinder versklavt wur-

[20] Dies gilt auch für das islamische Verständnis gegenüber christlichen Schriften.

den. Damit war alle jüdische Opposition in Medina zerstört.[21]

Mohammed distanzierte sich nun bewusst auch von der Frömmigkeit der Juden. Die Gebote für Fasten- und Gebetszeiten wurden bewusst vom jüdischen Kalender unterschieden angesetzt. Das Fasten wurde nicht mehr am grossen Versöhnungstag der Juden, am «Jom Kippur» gehalten, sondern auf einen ganzen Monat lang ausgedehnt. Auch befahl Mohammed seinen Anhängern, nicht mehr in Richtung Jerusalem, sondern nun neu in Richtung Mekka zu beten (vgl. Sure 2,142–150).[22]

⇨ Wechsel der Gebetsrichtung: neue Ausrichtung nach Mekka

Damit wollte Mohammed auch die altgläubigen Araber für sich gewinnen. Denn er machte durch die Gebetsrichtung nach Mekka deutlich, dass er nichts gegen das grosse Wallfahrtszentrum in Mekka hatte, sondern nur gegen deren polytheistische Ausrichtung.[23]

Mohammed und die Christen

Mohammed stand den Christen recht lange wohlgesonnener gegenüber als den Juden. Doch nachdem Mohammed seine anfängliche Vorstellung, er müsse von den Christen als Gesandter Gottes Anerkennung finden, nicht erfüllt sah, bezog er deutlich Stellung gegen einige theologische Positionen der Christen. Dabei darf man davon ausgehen, dass Mohammed weder die biblische Auffassung der Trinität als Glauben an den einen Gott in drei Personen von Vater, Sohn und Heiligem Geist kannte, noch um die christologi-

---

[21] Die gegen die jüdischen Stämme geführte Politik manifestierte sich in der angedrohten Enteignung von Land und Eigentum, die dann in den Rechtsbüchern juristisch begründet wurde. Hier sind die Grundgedanken zur späteren juristischen Rechtsnorm gelegt worden, wonach es – so lässt man Mohammed auf seinem Sterbebett sprechen – keine zwei Religionen auf der Arabischen Halbinsel geben darf. Dieser Grundsatz ist dann unter den ersten Kalifen in die Praxis umgesetzt worden.

[22] Ursprünglich wollte Mohammed keine neue Religion gründen. Deshalb war das Gebet bisher aus Wertschätzung gegenüber David und Salomo nach Jerusalem ausgerichtet.

[23] Das zeigt sich auch daran, dass er später die bisherigen Riten der traditionellen Wallfahrt nach Mekka grösstenteils in der bisherigen Form bestehen liess, so z. B. der Lauf von einem Hügel zum anderen, der siebenfache Gang um die Kaaba, die Steinwürfe ins Tal, usw. Er gab diesen Riten jedoch einen monotheistischen Inhalt.

schen Streitigkeiten in den christlichen Kirchen genau Bescheid wusste.

Mohammed forderte im Koran schliesslich dazu auf, die Christen solange zu bekämpfen, bis sie entweder den Islam annahmen oder sich durch die Kopfsteuer freikauften (vgl. Sure 9,29). Mit dem Bezahlen der Sondersteuer anerkannten sie die Herrschaft des Islam an und wurden rechtlich zu Bürgern «zweiter Klasse».[24]

Kriege mit den Mekkanern

Die Bevölkerung von Mekka mobilisierte keine gross angelegten Angriffe gegen Mohammed, nachdem er Mekka verlassen hatte. Mohammed dagegen überfiel eine grosse Karawane aus Mekka, die nach Syrien gereist war und sich nun auf dem Heimweg befand. Die Leute von Mekka waren der Ansicht, dass Mohammed für diese Handlung bestraft werden musste. Sie zogen aus, um gegen ihn zu kämpfen.

Mohammed errang (624 n. Chr.) einen Überraschungssieg in der Schlacht von Badr und tötete viele Mekkaner oder nahm sie gefangen. Diese Schlacht von Badr gab dem Heiligen Krieg eine neue Dimension, denn Mohammed erhielt vom Engel Gabriel neue Offenbarungen, die dazu aufriefen, den Islam mit Gewalt auszubreiten.[25] Von da an lehrte Mohammed, dass seine Mission darin bestehe, den Islam durch den Jihad[26] («Dschihad») zu verbreiten, was er mit Hilfe seines Heeres auch tat. Er begleitete persönlich seine Kämpfer bei 27 Überfällen, und bei neun davon kämpfte er mit ihnen auf dem Schlachtfeld. Insgesamt führten die Muslime 38 Überfälle und Heerzüge durch zu der Zeit, als Mohammed in Medina lebte.

---

[24] Dies war ein Verfahren, das in der Folge zum Modell für die Behandlung von Christen, wie auch von Juden in neueroberten islamischen Gebieten wurde. Vgl. dazu auch die Antwort zur Frage bei 7.2: Wie sieht der Islam die Christen.

[25] Gabriel, 74/75, nennt diesbezüglich vier Punkte: 1. Die Offenbarung enthielt Anweisungen an die Muslime, wie die Güter aufzuteilen seien, die sie von der unterlegenen Armee erbeutet hatten. Mohammed beanspruchte 20 Prozent (wovon er einen Teil unter die Bedürftigen verteilte), und die übrigen 80 Prozent wurden unter jene aufgeteilt, welche mit ihm gekämpft hatten. 2. Die Offenbarung wies die Muslime an, weiterhin jeden zu bekämpfen, der den Islam ablehnte. Die einzige Möglichkeit, vor Mohammeds Armee sicher zu sein, bestand darin, den Islam anzunehmen. 3. Die Offenbarung wies die Muslime an, sich auf zukünftige Kriegszüge vorzubereiten. 4. Die Offenbarung gebot ihnen, «hart zu kämpfen».

[26] Jihad bedeutet «Heiliger Krieg»; siehe 3.3.1.

Jerusalem ist die drittheiligste Stadt des Islam, weil Mohammed im Jahre 620 – entführt durch einen Esel – hier vorübergehend in den Himmel aufgefahren sein soll. An diesem Ort, wo ursprünglich der jüdische Tempel stand, wurde nach der islamischen Eroberung Palästinas 691 der Felsendom gebaut. Rechts vorne auf dem Bild ist die Halle für die vor jedem Gebet vorgeschriebenen rituellen Waschungen zu sehen.

⇨ Hier liegt die Wurzel für den Jihad, die Ausbreitung des Islam auch durch Krieg.

Ausbreitung durch Gewalt

Mohammed setzte von Medina aus seinen Krieg gegen die Mekkaner fort. Diese wollten sich für ihre Niederlage von Badr rächen und bekämpften die Muslime in der Schlacht von Uhud (625 n. Chr.). Da die Muslime nicht vollständig geschlagen worden waren, griffen die Mekkaner Medina zwei Jahre später wieder an. In der sogenannten «Grabenschlacht» (627 n. Chr.) errangen jedoch die Muslime einen entscheidenden Erfolg.[27]

Durch den anschliessenden zehnjährigen Waffenstillstandsvertrag mit den Mekkanern (628) erreichte Mohammed einen diplomatischen Sieg, denn dieser Vertrag bedeutete die Anerkennung der Muslime als gleichberechtigte Vertragspartner. Diesem Waffenstillstand fühlte sich Mohammed allerdings nicht lange verpflichtet, denn er brach ihn schon im folgenden Jahr, um die Kaaba zu erobern und die Götzenbilder zu zerstören. Die Muslime konnten in der Schlacht von Hunayn (630) den Sieg erringen und machten grosse Beute. So konnte Mohammed dann ohne Widerstand in seine Heimatstadt einziehen. Mohammed blieb zwei bis drei Wochen in Mekka, reinigte das Heiligtum (Kaaba), liess alle Götterstatuen sowohl aus dem Heiligtum als auch aus den Privathäusern entfernen und vernichten. In der Umgebung der Stadt liess er die Heiligtümer der Götter zerstören und forderte die Beduinenstämme auf, dem Islam beizutreten.

Weitere Eroberungen

Nach der Eroberung Mekkas weitete sich der Einfluss Mohammeds weiter aus. Diejenigen Stämme aus Arabien, welche noch nicht angegriffen worden waren, entsandten Boten zu Mohammed und liessen ihm ausrichten: «Wir ergeben uns dir.» Die islamische Geschichtsschreibung nennt 48 verschiedene Gruppen, die diese Botschaft an Mohammed sandten.

Nachdem Mohammed Arabien erobert hatte, nahm er Kontakt zu den Herrschern der Länder ausserhalb Arabiens auf und rief sie auf, den Islam anzunehmen und die islamische Vorherrschaft anzuerkennen, oder die Konsequenzen zu tragen.[28] Innert ca. 10

---

[27] Die Muslime benutzten eine ganz neue Art der Verteidigung: Auf der Seite Medinas, auf welcher der Angriff erwartet wurde, hoben sie einen Graben aus, der zu tief war, als dass die mekkanische Reiterei ihn überwinden konnte, ohne sich den muslimischen Bogenschützen, die hinter Erdwällen dahinter aufgestellt waren, auszuliefern. Deshalb wird diese Schlacht «Grabenschlacht» genannt.

[28] Der Brief an den oströmischen Kaiser lautete: «Von Mohammed, dem Gesandten Allahs, an Herakleios, den Grossen von Rom, bekehre dich zum Islam, und du wirst gerettet werden, und wenn du meine Aufforderung zurückweist, trägst du die Verantwortung für das, was dir und deinem Volk widerfahren wird.» (Ibn Hisham, The life of Muhammad, in: Gabriel, S. 87). Das Wort «gerettet» gebrauchte Mohammed im Sinne der Rettung vor seiner Armee, nicht im Sinne der Rettung vor dem Zorn Gottes am Tag des Gerichts.

Jahren hatte sich die Streitmacht Mohammeds in Medina von anfänglich 300 Männern auf 10'000 Krieger erhöht.[29] Mohammed setzte Gouverneure («Emire» genannt) ein, um alle Völker, Stämme und Gebiete zu regieren, welche die islamische Herrschaft angenommen hatten. Damit war die Grundlage für das islamische Reich geschaffen.

Mohammeds Frauen in Medina

Nachdem Mohammed nach Medina übergesiedelt war, veränderte sich sein persönliches Leben erheblich. In Mekka war er nur mit einer Frau, Kadija, verheiratet gewesen, die nach 25 Jahren Ehe starb.

Nach der Einehe wechselte er in Medina zur Vielehe (Polygamie). Im ersten Jahr seines Aufenthalts in Medina heiratete Mohammed die Tochter eines seiner treuesten Anhänger, Abu Bakr. Das Mädchen war erst sechs Jahre alt und hiess Aischa. Der islamischen Geschichtsschreibung zufolge vollzog Mohammed die Ehe mit dem Mädchen, als sie neun Jahre alt war. Aischa blieb Mohammeds Lieblingsfrau, bis er starb.

Allerdings blieb sie nicht seine einzige Frau. Während seiner Jahre in Medina heiratete Mohammed noch elf weitere Frauen. Während einem Muslim vier Frauen erlaubt sind, bestätigt Sure 33,50 ausdrücklich, dass Mohammed mehr Frauen zustanden. Solch eine männerdominierte Lebensweise entsprach durchaus der damaligen Stammeskultur.

Abschiedswallfahrt

Im März 632 n. Chr. rief Mohammed alle Muslime auf, an einer Pilgerfahrt zur Kaaba (der sogenannten «grossen Hadsch») teilzunehmen, um Allah anzubeten. Ein Jahr verbrachte er mit Vorbereitungen für diese riesige Veranstaltung und entsandte Boten in alle Teile Arabiens, um die Menschen aufzufordern, ebenfalls daran teilzunehmen. So erreichte Mohammed Mekka mit 80'000 Anhängern und schuf dadurch ein Vorbild für die zukünftigen muslimischen Wallfahrten nach Mekka.

⇨ Daraus entstand als eine der fünf Säulen des Islam die Wallfahrt nach Mekka (einmal im Leben).

---

[29] Es gibt Quellen, die 30'000 nennen.

Das alljährlich durchgeführte Zeremoniell um die Kaaba und in der Kaaba wurde nun zum ersten Mal von Mohammed geleitet.[30] Höhepunkt dieser riesigen Versammlung war die Predigt Mohammeds auf dem Berg Arafat.[31] Diese Predigt bestand aus zwei Teilen: Im ersten Teil gab Mohammed Anweisungen für den Umgang der Muslime untereinander. Sie sollen sich gegenseitig nicht töten oder die Frauen wegnehmen. Der zweite Teil sagte ihnen, wie sie mit Nichtmuslimen umgehen sollten. Mohammed erklärte, dass Allah ihn mit dem Schwert ausgesandt habe. Er drohte denen, die sich ihm widersetzen, mit Demütigung und Verfolgung.

Mohammeds Tod

Nach seiner Rückkehr nach Medina erkrankte Mohammed. Er wurde von seiner Frau Aischa gepflegt, die inzwischen 18 Jahre alt war. Als er zu schwach wurde, um vorzubeten, gab er Anweisung, dass seine vertrauten Anhänger diese Aufgabe erfüllen sollten. Als er seine letzten Atemzüge tat, legte er, ca. 63-jährig, seinen Kopf in Aischas Schoss und starb am 8. Juni 632. Mohammed wurde in Medina begraben. Sein Grab wird bis heute von Pilgern besucht.

In seinen zehn letzten Lebensjahren in Medina hatte sich Mohammed sehr verändert. Er war nicht mehr nur der religiöse Sucher und Verkünder, sondern war vielmehr zum Heerführer und unumstrittenen Herrscher geworden, der darauf aus war, den Islam mit allen Mitteln, auch mit Krieg, zu verbreiten.

---

[30] Dabei islamisierte Mohammed die ursprünglich heidnischen Riten und Symbole: Der Stein in der Kaaba wird zum Stein, an dem Abraham die Opferung seines Sohnes Ibrahims vollziehen wollte. So verband Mohammed die Wallfahrt mit dem Opferfest.

[31] Der islamischen Überlieferung zufolge ist Sure 5, Vers 3 Teil der berühmten Rede Mohammeds: «Heute habe ich euch eure Religion vervollständigt (so dass nichts mehr daran fehlt) und meine Gnade an euch vollendet, und ich bin damit zufrieden, dass ihr den Islam als Religion habt.»
Ausserhalb des Korans gelten auch die folgenden Worte als Teil der Rede: «Ich habe euch etwas Klares und Deutliches hinterlassen; wenn ihr daran festhaltet, werdet ihr niemals in die Irre gehen: Gottes Buch und die Sunna seines Propheten. Leute! Hört meine Worte und begreift sie! Ihr sollt wissen, dass jeder Muslim Bruder der Muslime ist, und dass die Muslime (untereinander) Brüder sind …» (Islamische Hochschulvereinigung Würzburg).

Die schmale Sichel des Neumondes spielt in der islamischen Glaubenspraxis eine grosse Rolle, weil durch sie der Zeitpunkt religiöser Anlässe wie der Ramadan oder die Wallfahrt nach Mekka bestimmt werden. Vorislamisch war sie das Zeichen der altarabischen Mondgöttin Uzzah. Heute gilt die Mondsichel mit Stern als Symbol des Islam und ist auch auf Flaggen muslimischer Länder zu sehen.

Die wichtigsten islamischen Feste

Ramadan: Der Beginn des Empfanges der Offenbarungen des Korans.

Fest des Fastenbrechens (Zuckerfest): Erinnerung an die Ramadan-Nacht, in der der Koran empfangen wurde. Hier werden Almosen verteilt, Geschenke gemacht und oft viele Süssigkeiten gegessen.

Das Opferfest (höchstes Fest): Erinnerung, wie Allah den Sohn Abrahams vor dem Opfertod rettete.

Das Neujahrsfest: Erinnerung an die Übersiedelung Mohammeds nach Medina. Ein Fest des Schenkens und Almosengebens.

Der Geburtstag des Propheten: Oft werden die Moscheen mit vielen Lichtern geschmückt.

Vergleich:
Entstehung des Christentums und Entstehung des Islam

Das Christentum begann im römischen Staat und wurde von ihm mehr oder weniger intensiv fast dreihundert Jahre lang verfolgt. Oft lebten die Christen im Untergrund, in grossen Schwierigkeiten und völlig gewaltlos. Viele starben als Märtyrer. Das Christentum verbreitete sich durch die Erfahrung des Auferstandenen und durch die Liebe, welche von der Gemeinschaft der Christen ausstrahlte.

Als Mohammed 622 n. Chr. nach Medina kam, begann der Islam als politische, soziale und religiöse Gemeinschaft. Von Anfang an war der Islam eins mit der staatlichen Gewalt. Die Ausbreitung des Islam geschah in der Folge weitgehend durch militärische Gewalt.[32] Der Übertritt der vorwiegend christlichen Bevölkerung der eroberten Gebiete zum Islam wurde im Allgemeinen nicht erzwungen. Soziale und politische Vorteile waren die Hauptursachen.

«Ich bin getauft» – Zeugnis der Konvertitin «Mila»[33]

Wer bin ich? Wozu lebe ich? Was ist der Sinn des Lebens? Mein Gott, wie oft habe ich mich das gefragt! Ich suchte und fand eine wunderbare Antwort.

Ich bin in der Türkei aufgewachsen. Das Leben dort ist nicht einfach. Nicht nur, daß wir nicht so reich sind wie die Menschen in Österreich – das Leben ist auch geprägt von Gewalt und Auseinandersetzungen zwischen Menschen, die verschiedenen Religionen und Kulturen angehören. Es gibt wenig Frieden dort, wenig Ruhe. Die meisten Menschen sind Muslime. Meine Familie nicht; wir gehörten

---

[32] Dazu verhalf den islamischen Truppen in den folgenden Jahrzehnten einerseits der wachsende Verfall der damaligen Reiche und andrerseits die überlegene militärische Ausrüstung, der Anreiz, Beute zu gewinnen und die starke Motivation durch das sich ausbreitende islamische Reich. Anfangs meinten die christlichen Kopten in Nordafrika, dass der Islam eine christliche Sekte sei und sahen in den Muslimen zunächst sogar ihre Befreier vom Joch der Byzantiner. Im Zuge der Islamisierung wurden dann ca. 3'200 Kirchen zerstört oder in Moscheen umgewandelt.

[33] Name geändert. Quelle: Institut St. Justinus, A - 8630 Mariazell.

zur Minderheit der Aleviten. Man spricht nicht viel darüber, man gibt die Kultur und Tradition den Kindern weiter und lebt einfach. Wir gehen nicht in die Moscheen, und wir Frauen verschleiern uns nicht.

Ich habe geheiratet. Die Familie ist bei uns das Wichtigste, und ich habe mich bemüht, eine gute Ehefrau zu sein. Mein Mann und ich haben auch eine Familie gegründet: Unser erster Sohn wurde geboren. Natürlich waren auch unsere Eltern stolz darauf.

Wegen der schlechten wirtschaftlichen Lage entschlossen wir uns, nach Österreich zu gehen und verließen unsere Heimat. Österreich war eine neue Welt für uns, ein christliches Land, in dem wir uns wohlfühlten. Plötzlich gab es keine Moscheen mehr, sondern Kirchen. Das Läuten der Kirchenglocken begleitete uns fortan.

Dann ist meine Mutter in der Türkei gestorben. Ich habe sie sehr geliebt. Sie ist ohne Gebet begraben worden, ohne ein Wort. Da ist mir klar geworden, was uns immer gefehlt hat: unsere Religion. Ich bekam den Wunsch, zur Glaubensgemeinschaft der Christen zu gehören. Durch Bekannte haben wir zwei katholische Priester kennengelernt. Der Weg lag nun offen vor uns. Mein Mann und ich entschlossen uns, um die Taufe zu bitten.

Erst durch die Taufe habe ich begriffen, was Identität bedeutet und was ich selbst bin. Identität, das heißt, daß ich meine Person als Einheit des Leibes, der Seele und des Geistes erfahre; daß ich eine Person bin, daß ich eins bin. Meine Seele ist seitdem erfüllt von Gott, und mein Geist hat ganz neue Gedanken erfahren. Es geht mir so gut wie noch nie zuvor! Ich bin Mutter und Ehefrau, und ich bin Christin. Das ist meine Antwort.

Heute verstehe ich mein bisheriges Leben als Suche; ich habe gesucht, was mir fehlte. Mir hat die Wahrheit des Lebens gefehlt, und ich habe sie im Christentum gefunden.

Meine größte Freude ist es, daß ich meine Kinder zum wahren Glauben führen darf. Sie wachsen mit dem Bewußtsein auf, daß sie Christen sind und zu den Guten auf der Welt gehören. Ich wünsche mir sehr, daß meine Kinder Frieden und Freude verstehen lernen und diese Schätze auch anderen weitergeben können!

2.4. Einzelne Aspekte der weiteren Entwicklung des Islam

2.4.1. Ursprüngliche Entwicklung

Nach dem Tod Mohammeds stand die junge islamische Gemeinde vor der Frage, wer religiöser Führer und militärischer Leiter der Gemeinde werden sollte. Der Prophet Mohammed hatte bei seinem Tod keine direkten männlichen Nachkommen und weder einen Nachfolger bestimmt noch eine Prozedur zu dessen Wahl festgelegt.

Die ersten vier Kalifen[34]

Noch in Mohammeds Todesjahr (632 n. Chr.) wurde Abu Bakr, einer der engsten Vertrauten Mohammeds und bedeutendsten Feldherren, zum Prophetennachfolger gewählt. Er konnte sich als politischer und geistlicher Führer der jungen Gemeinde erfolgreich durchsetzen. Danach folgten Umar (634–644) und Uthman (644–656).[35]

Nach den ersten drei Wahlkalifen beanspruchte Mohammeds Schwiegersohn Ali mit seinen Söhnen ein Erbkalifat. Doch er fand nicht die Zustimmung aller Führer und verlegte deshalb seinen Regierungssitz von Medina, das bisher unbestrittenes Zentrum des islamischen Reiches gewesen war, nach Kufa, wo er als vierter Kalif die Leitung ausübte. Aus der entstehenden Uneinigkeit bei der Wahl Alis ergab sich die geschichtlich und theologisch folgenschwerste Spaltung des Islam in mehrere Gruppierungen.[36] Bei einer Schlacht mit seinen Gegnern wurde Ali 661 ermordet.

Damit endete die Ära der vier «rechtgeleiteten» Kalifen, die später als das «goldene Zeitalter des Islam» und ideale Einheit von weltlicher und religiöser Macht in einer Hand betrachtet wurde. Die damals gelebte Form des Islam gilt als der reine, unverfälschte, vollkommene «Ur-Islam», der noch heute der muslimischen Gemeinschaft, der «Umma», als absolutes Vorbild dient.

---

[34] «Kalif» wird der Nachfolger Mohammeds genannt.

[35] Die rasche Verbreitung durch die Expansionspolitik der Kalifen machte die Ausdehnung des islamischen Reiches im ersten islamischen Jahrhundert zu einem aussergewöhnlichen geschichtlichen Ereignis.

[36] Für weitergehende Informationen zur Auffächerung des Islam siehe Schirrmacher, S. 1–39, Band 2.

Die Sunniten

Die Mehrheit hielt am Wahlkalifat fest. Der Nachfolger sollte zwar ein Mitglied des Stammes der Quraisch sein, aber zugleich durch einen Rat gewählt und durch einen Treueeid bestätigt werden, also Führungsstärke und Abstammung miteinander verbinden. Bei dieser Gruppe handelt es sich um die Sunniten, «die Leute der Tradition»[37].

Innerhalb des sunnitischen Islam ist das theologische Spektrum breit. Vertreter des sunnitischen Islam können gleichzeitig Mitglieder des Mystikerordens der Sufiten sein, in dem sie durch Schweigen, Gebete, Musik, Gesang oder Tanz die Beziehung zu Gott suchen und sich in ihn versenken.

Sunnitische Muslime können liberal oder konservativ denken. Sie können einen mit volkstümlich-magischen Elementen durchsetzten gemässigten Islam praktizieren, extremistisch ausgerichtet sein, wie auch zum Kampf gegen die Ungläubigen aufrufen. So sind die weltweit mitgliederstärksten extremistischen Organisationen wie z. B. die Muslimbruderschaft dem sunnitischen Islam zuzurechnen, aber auch die neuen Reformansätze einiger heutiger türkischer Theologen. Zu den Sunniten gehören gegenwärtig etwa 85–88% der Muslime.

Die Schiiten

Eine kleinere Gruppierung, die später als «Schiiten» (Schia = Partei) bezeichnet wurde, forderte einen direkten Verwandten oder Nachfahren Mohammeds, da nur auf ihm die Segenskraft des Propheten ruhe. Ausserdem, so argumentierten die Schiiten, habe Gott selbst Ali zum Nachfolger auserwählt und dies Mohammed vor seinem Tod mitgeteilt, eine Ansicht, welche die Sunniten nicht teilen.[38]

Das herausragende Kennzeichen schiitischer Lehre ist der Glaube an den Imam: Er ist der oberste Führer der Gemeinde, ein von Gott

---

[37] Nach sunnitischem Verständnis gehört zur obersten Leitung (dem Kalifat) das oberste Richteramt wie auch die militärische Führung der islamischen Gemeinde. Im geistlichen Bereich kann der Kalif jedoch nur Gottes Gesetz auslegen, aber keine neuen Gesetze verkünden.

[38] Da alle leiblichen Söhne Mohammeds beim Tod Mohammeds bereits verstorben waren, bestimmten die Schiiten Mohammeds Schwiegersohn Ali als dessen nächsten Verwandten zum Nachfolger des Propheten.

auserwählter Leiter, eine Art Vertreter des Propheten, von dem er blutsmässig abstammen muss. Er interpretiert die Offenbarung des Korans, vor allen Dingen dessen verborgenen Sinn, den die Gläubigen selbst nicht verstehen können. Er ist eine Art Mittler zwischen Gott und der Gemeinde, in seinen Lehrentscheidungen unfehlbar und sündenlos und hat übernatürliches Wissen.

2.4.2. Zwei weitere Gruppen

Auf zwei Gruppierungen, mit denen wir auch bei uns in Kontakt kommen können, möchte ich noch hinweisen.

Sufismus

Unter diesem Sammelbegriff wird die islamische Mystik verstanden. Diese hat sich als Gegenpol zum Islam als äusserliche Gesetzesreligion tief innerlich entwickelt. Hier wird der persönliche Kontakt zu Gott und die Erfahrung Gottes gesucht. Der Sufismus ist eine Bewegung, die dem Christentum nahe kommt. Auch haben die Frauen hier gleichberechtigte, oft sogar führende Rollen. Der Sufismus wird aber von der islamischen Orthodoxie strikt abgelehnt.

Sogenannte Sufi-Institutionen sind Bruderschaften, bei uns meist als Derwisch-Orden bezeichnet. Sie sind aber kein Mönchtum, sondern eher ein «Kloster auf Zeit», Kommunitäten, die sich regelmässig zu meditativen Übungen in ihre Klöster zurückziehen.

Aleviten

Etwa ein Drittel der türkischen Muslime gehört zur Gruppe der Aleviten. Diese haben eine zum Teil christliche Vergangenheit, worauf einige Riten hinweisen. Ihre Eigenständigkeit zeigt sich in der Ablehnung der Scharia. Die Aleviten haben keine Moscheen, sie feiern ihre Gottesdienste in Privathäusern. Während es bei den Muslimen Sünde ist, wenn Frauen und Männer zusammen beten, feiern die Aleviten gemeinsam den Gottesdienst. Auch steht dem Gebet kein Imam vor, sondern ein «Dede» (Ältester), der die Gemeinde auch sonst als Hirte leitet.

Beim Gottesdienst segnet der Älteste Brot und einen Becher mit Wein. Diesen reicht er allen mit dem Wort «Dem», was Blut heisst. Aber niemand weiss, wessen Blut damit gemeint ist. Bei den anderen Muslimen gilt das Trinken von Alkohol, besonders von Wein, als «Mutter alles Bösen» und ist verboten.

Im Sufismus beten Frauen und Männer gemeinsam. Der Kern des Sufismus besteht in der Suche nach einer inneren Liebes-Beziehung zwischen Mensch und Gott.

2.4.3. Neuere Entwicklungen

Nun wollen wir einen Blick auf die gegenwärtige Situation werfen. In der zweiten Hälfte des 20. Jahrhunderts sind unter anderem folgende Entwicklungen des Islam zu beachten:

Die iranische Revolution

Der Iran ist das einzige islamische Land, in dem die Schiiten in der Mehrheit sind. Das hatte in jüngster Vergangenheit grosse Folgen: Ayatollah Khomeini propagierte im Iran die Aufrichtung eines Gottesstaates, in dem das islamische Gesetz aus Koran und Überlieferung – von den obersten Geistlichen interpretiert und angewandt – wieder seine ganze Gültigkeit erhalten sollte.

Khomeini übernahm im Iran das Amt der obersten Lehrautorität und des Beauftragten des sogenannten «verborgenen Imams».[39] Khomeinis Erfolg ist nur vor dem Hintergrund der schiitischen Geschichte des Irans verständlich.

Islamismus

Nach den Bombenanschlägen mutmasslicher islamischer Extremisten auf das World Trade Center in den USA am 11. September 2001 und weiterer darauffolgender Terrorakte in Nordafrika, auf der Arabischen Halbinsel, in Europa und Asien, ist weltweit die Furcht vor dem Terrorismus gross. Eine der am häufigsten gestellten Fragen lautet: Gehören solche Anschläge und Terrorakte zum Wesen des Islam oder nicht?

Beim Islamismus (islamischer Fundamentalismus) handelt es sich um eine in viele Zweige unterteilte Bewegung, die die Rückkehr zu den Wurzeln der Religion fordert, eine Umsetzung des «Ur-Islam» aus der Zeit Mohammeds und seiner ersten Nachfolger. Der Islamismus entstand in den 20er Jahren des letzten Jahrhunderts in drei Hauptzentren: Ägypten, Pakistan und Iran. Der Islamismus strebt danach, den gesamten Bereich der islamischen Welt zu islamisieren und einen weltweiten islamischen Staat zu errichten, in dem die Scharia allumfassend zur Anwendung kommt.

Die eigentliche Kampfansage des Islamismus gilt meist der eigenen (nach ihrer Auffassung zu säkularisierten) Gesellschaft und der (ihrer Meinung nach) unislamischen (säkularen) Regierung ihres eigenen Landes, aus der Überzeugung, dass der Säkularismus ein Aufstand gegen Gott und Gottes Gesetz sei. Dann aber gilt die Kampfansage auch dem Rest der Welt, die noch nicht islamisch ist.

Unterschiedliche Auffassungen bestehen unter islamistischen Bewegungen darüber, auf welche Weise die ideale islamische Gesellschaft errichtet, beziehungsweise die gegenwärtige Gesellschaft umgestaltet werden kann. Extremistische Gruppierungen[40] vertreten die Ansicht, dass zuerst mit Gewalt die Herrschaft errungen werden müsse. Andere sind der Auffassung, dass zuerst die Gesell-

---

[39] Der noch immer in der Verborgenheit lebende zwölfte Imam hat die weltliche Regierung und die Leitung der Gemeinde einem gerechten, gottesfürchtigen Rechtsgelehrten übergeben: Ayatollah Khomeini.

[40] So etwa eine Splittergruppe der ägyptischen Muslimbruderschaft, die im Jahr 1981 Präsident Anwar al-Sadat ermordete, weil dieser mit Israel Frieden schloss.

schaft in moralischer Hinsicht vervollkommnet und in eine wahrhaft islamische Gesellschaft umgewandelt werden müsse, bis dann der ideale islamische Staat errichtet werden könne.

– **Die Muslimbrüder**
Die Muslimbrüder gehören zu den wichtigsten islamistischen Gruppierungen, die in der Vergangenheit grossen Einfluss hatten und in vielen islamischen Ländern zahlreiche Anhänger besitzen. Diese Gruppierungen kämpfen dafür, dass die Scharia in den betreffenden Ländern strikt angewendet und die ganze Welt islamisiert wird.

– **Al-Qaida**
Al-Qaida ist ein loses, weltweit operierendes Terrornetzwerk meist sunnitischer jihadistischer Organisationen, das seit 1993 zahlreiche Terroranschläge (meist in Verbindung mit Bekennerschreiben) in mehreren Staaten verübt hat.[41] Erklärtes Ziel der Al-Qaida ist die Errichtung eines Gottesstaats für alle Rechtgläubigen.[42]

Ahmadiyya-Bewegung

Die islamische Reformbewegung Ahmadiyya wurde 1889 von Mirza Ghulam Ahmad im damaligen Britisch-Indien gegründet. Er sah sich selbst als Propheten, der den im Verfall begriffenen Islam (Korruption, Streitigkeiten, Versagen der muslimischen Geistlichkeit, Prostitution …) zum «wahren» Islam zurückführen soll. Er betrachtete sich als wiedergeborener Christus, als zweites Erscheinen Buddhas, als Wiederkunft Krischnas und somit als der endzeitliche Messias des Islam.

So handelt es sich bei der Ahmadiyya-Bewegung gemäss ihrem eigenen Verständnis weniger um eine weitere islamische Gruppe als vielmehr um eine Neuoffenbarung mit dem Anspruch der Vollendung aller Religionen. Erst im Jahre 1974 wurde die Ahmadiyya in Pakistan zu einer nichtmuslimischen Religionsgemeinschaft erklärt

---

[41] In der Weltöffentlichkeit erstmals wahrgenommen wurde die Organisation nach dem ersten (fehlgeschlagenen!) Bombenanschlag auf das World Trade Center 1993 und den als «Operation Bojinka» bekannten vereitelten Massenmord während des Weltjugendtags in Manila 1995.

[42] Vgl. dazu Innenministerium NRW sowie Alexander Ritzmann. Zwischenzeitliche Ziele der Al-Qaida bestehen darin, die westlichen Staaten zu bekriegen sowie die Vernichtung Israels herbeizuführen, vgl. Christopher Blanchard.

und in der Folge zum Teil auch verfolgt. Trotzdem ist die Ahmadiyya-Bewegung in Europa, in Asien, Schwarzafrika und in den USA missionarisch überaus aktiv und betreibt teilweise auch Sozialarbeit. Gewalt und der kämpferische Jihad als Mittel der Missionsarbeit wird von den Anhängern der Bewegung abgelehnt. Sie halten streng an der Praktizierung der fünf Säulen und an der getrennten Aufgabenverteilung für Mann und Frau (Gelderwerb und Haushaltsführung) fest.

Wahhabiten

Als «Wahhabiten» werden die Anhänger einer konservativen und dogmatischen Richtung des sunnitischen Islam bezeichnet. Die Wahhabiten lehnen den Sufismus und die islamische Theologie ab. Sie wenden sich auch strikt von vielen Formen des Volkglaubens ab, beispielsweise von der Verehrung der Heiligen und der Wallfahrt zu Gräbern. Die meisten Wahhabiten leben in Saudi-Arabien. Sie stellen dort die grösste religiöse Gruppe in der Bevölkerung dar, und ihre Lehre ist Staatsreligion.

Seit den 90er Jahren werden in gewissen Staaten wie im Senegal die strenggläubigen Wahhabiten zahlreicher. Ihr Ziel ist die langsame Islamisierung der Gesellschaft von unten und die Eroberung der politischen Macht.[43]

Re-Islamisierung

Seit Beginn der 70er Jahre hat das Ringen der islamischen Welt um die eigene Identität, um die notwendige Modernisierung und eine klare Definition der Beziehungen zum Westen eine neue Dimension erfahren. Sie besteht darin, den Islam und das islamische Gesetz (Scharia) in der gesamten islamischen Welt wieder umfassend zur Geltung zu bringen. Diese Bemühungen werden religionswissenschaftlich und politologisch als «Re-Islamisierung» (seltener: «Renaissance des Islam») bezeichnet.

---

[43] Nachdem sich die Wahhabiten sozialen Fragen zugewandt hatten und politische Forderungen stellten, erhielten sie Zulauf. Einige der in den 70er Jahren gegründeten islamistischen Organisationen halten sich mittlerweile mit Kritik an den Sufis zurück, lassen sogar Heiligenverehrung zu und respektieren die Marabouts (Heiligen), um vom Ansehen, welche diese bei den Massen geniessen, einen Anteil zu erhalten.

Obwohl diese Re-Islamisierung eigentlich die Fortsetzung der Bemühungen gemässigter islamischer Erneuerer des 19. Jahrhunderts darstellt, die den politischen und sozialen Status quo mit islamischen Inhalten zu verbinden trachteten, radikalisieren sich durch die Einflussnahme Saudi-Arabiens seit den 70er Jahren die islamischen Fundamentalbewegungen zusehends. Durch seine schier unbeschränkten Finanzmittel sucht dieser traditionalistische Staat auch kulturellen Einfluss in Afrika und Mittelasien zu gewinnen. So werden die wahhabitischen, saudischen Positionen des Islam exportiert, und der wahhabitische Islam-Fundamentalismus verbreitet sich.[44]

Reformbewegungen

Bei der Begegnung des Islam mit der Moderne zeigen sich vor allem – aber nicht nur – in der Diaspora immer wieder Reformbemühungen. Die Ansätze sind vielfältig. Sie reichen von der Anpassung der Botschaft des Korans an die heutigen Verhältnisse (man spricht von einem Spannungsfeld zwischen Text und Kontext) bis zur Trennung von Botschaftskern und wesensfremden Zutaten.

Das «Forum für einen fortschrittlichen Islam» nennt unter anderem folgende Ziele: die Anpassung des Islam an die Erfordernisse des heutigen gesellschaftlichen Lebens, die Konformität mit den UNO-Menschenrechtsdeklarationen und den Willen, als Bürger/innen des jeweiligen Staates sowie als Muslime einen Beitrag zur Bewältigung der Zukunftsprobleme der Menschheit zu leisten.[45]

Der Dialog mit diesen Bewegungen, die einen angepassten Islam proklamieren, entspricht mehr unserer westlichen Mentalität. So sagt z. B. der Muslim Mouhanad Khorchide, Professor für islamische Religionspädagogik an der Universität in Münster unter anderem: «Erst wenn Muslime beginnen, ernsthaft ihre tradierte Theologie kritisch zu hinterfragen und sie in ihrem historischen Entstehungskontext zu verstehen suchen, sind sie auf dem Weg der Befreiung, auch von den seit Jahrhunderten in der islamischen Welt herrschenden Diktaturen.»[46]

---

[44] Vgl. Martin von Arndt

[45] Eine Reformbewegung in der Schweiz ist der Verein Islamischer Organisation Zürich (VIOZ). Vgl. www.vioz.ch

[46] Zitiert nach: Die Furche, Nr. 32, 12.8.2010

Es gilt zu bedenken, dass wir es hier mit Reformbewegungen und nicht mit dem sogenannten «wahren Islam» zu tun haben. «Dass Reformer durch Druck aus den islamischen Stammlanden und von anderen traditionalistischen Kulturkreisen oft gefährdet sind, ist bis jetzt jedoch leider Tatsache.»[47] So ist es auch unsicher, ob sich daraus im Westen eine neue Form des Islam entwickeln und durchsetzen kann.

Und zudem gibt es bei uns im Westen unter der grossen Vielfalt von Muslimen auch sogenannte Islamisten, die bewusst eine andere Gesinnung vortäuschen, um versteckt ihre Ziele der Islamisierung des Westens voranzutreiben.

Vergleich: Spaltungen im Islam und im Christentum

Eine oberste Lehrautorität, wie dies in der katholischen Kirche das Lehramt ist, kennt der Islam nicht. Die grundlegende Dogmatik des Islam umfasst so wenige Punkte (der Glaube an den allmächtigen Schöpfergott, der Glaube an das Jüngste Gericht, an die Propheten, an die Engel und an die heiligen Schriften sowie die Glaubenspraxis der Fünf Säulen), dass diese von den meisten Gruppierungen vollumfänglich anerkannt wird.

Von muslimischer Seite hört man etwa den Vorwurf, das Christentum sei in viele Richtungen, Gruppierungen und Sekten gespalten, wohingegen der Islam eine geschlossene Gemeinschaft darstelle. Auch wenn die Realität der Spaltung in der Christenheit zu bedauern ist, so ist der Islam, wie wir gesehen haben, auch nicht eine Religion mit einem einheitlichen Erscheinungsbild. Die eindeutige Zuordnung einer Gruppe zum Islam als eine aus dem Islam hervorgegangene Sondergruppe oder Sekte ist aufgrund des Fehlens einer allgemein anerkannten obersten Lehrautorität nicht immer möglich.[48]

---

[47] Peter Güller, Reformbewegungen

[48] Dass Drusen, die an die Seelenwanderung glauben, als der islamischen Gemeinschaft angehörig betrachtet werden, obwohl sie die fünf Säulen nicht praktizieren, die Ahmadiyya-Bewegung hingegen aus dem Islam ausgeschlossen wurde, die sich streng an die Praktizierung der fünf Säulen hält, kann kaum in einer theologisch gründenden Antwort gefunden werden, sondern hat vor allem politische Ursachen.

Die Al-Azhar Universität und Moschee in Kairo gilt als oberste Lehrautorität im sunnitischen Islam, vergleichbar mit dem Vatikan und dem Petersdom für die katholische Kirche in Rom.

3. Die Grundlagen des Islam

Um den Islam besser verstehen zu können, ist es notwendig, sich mit den Grundlagen des Islam zu beschäftigen. Auf einige dieser Grundlagen wurde bereits in verkürzter Weise hingewiesen. Hier sollen sie nun ausführlicher dargelegt werden.

3.1. Der Koran

Grundlage für den Islam ist der Koran. Im Jahre 610 soll Mohammed nach muslimischer Auffassung die ersten Offenbarungen des Korans erhalten haben. Als ältester Text und Beginn der Offenbarungen an Mohammed gilt der islamischen Überlieferung zufolge Sure 96. Sie beginnt mit den Worten: «Trag vor im Namen deines Herrn, der erschaffen hat». Vom Imperativ des Verbs «vortragen» (iqra!) wird das Wort Koran (qur'an) abgeleitet. So steht also im Islam das Vortragen im Zentrum.

Abschrift des himmlischen Buches

Der Koran gilt für die Muslime als das reine, ewige, unverfälschte Wort Gottes, eine Abschrift des himmlischen Buches, welches nun vom Himmel herabgestiegen ist. Der Koran ist nach muslimischer Auffassung älter als das Alte und Neue Testament. Der Autor ist Gott selbst.

Der Koran ist Mohammed direkt von Gott durch die Vermittlung des Engels Gabriel eingegeben worden.[49] Mohammed soll Analphabet gewesen sein. Er war lediglich das Sprachrohr, das Medium, durch das Gott sich den Menschen auf Arabisch mitteilte. Das garantiert nach muslimischer Sicht die fehlerlose Übermittlung und damit die absolute Richtigkeit des Korans. Deshalb ist der Koran für

---

[49] Nach muslimischer Auffassung hat dann Mohammed die Offenbarungen des Korans Schritt für Schritt an die Gläubigen weitergegeben. Die Suren des Korans wurden auswendig gelernt und manchmal auf Tonscherben, Pergament, Palmblättern oder Kamelknochen aufgeschrieben. Mohammed habe eine Zusammenstellung des Korans zu seinen Lebzeiten nie gewollt. Erst unter dem dritten Kalifen Uthman (644-656) wurden diese Texte gesammelt und der Koran zusammengestellt.

alle Menschen von Anfang an bis zum Ende der Welt gültig und auch unveränderlich.

Wenn der Koran die Schriften (oder Bücher) erwähnt, die schon früher anderen Völkern gesandt wurden, dann nennt er an erster Stelle die dem Mose offenbarte «Tora», die auf David herabgesandten «Psalmen» sowie das von Jesus offenbarte «Evangelium». Die «Tora» und das «Evangelium» werden insgesamt zwölfmal im Koran erwähnt, die «Psalmen» (oder der Psalter) viermal. Doch der Koran gilt als die ursprünglichere Offenbarung Gottes. Dort, wo die Offenbarungen des Korans nicht mit den früheren Offenbarungen an die Juden und Christen übereinstimmen, wirft Mohammed den Juden und Christen vor, sie hätten die Schrift verfälscht. Dieser Vorwurf wird aus Sicht Mohammeds dadurch bestätigt, dass die Bibel keinen Hinweis auf Mohammeds Sendung enthalte und dass Mohammed von Juden und Christen in seiner Sendung zurückgewiesen wurde.

In der absoluten Göttlichkeit des Korans ist die Weltherrschaft begründet, denn der Koran gilt letztlich für alle! Daraus folgt die logische Überzeugung: Der Islam als Ur-Religion ist das Beste für jeden Menschen.

Die Struktur des Korans

Der Koran besteht aus 114 Kapiteln, den sogenannten Suren, unterschiedlicher Länge mit insgesamt etwa 6'200 Versen. In den Ausgaben des Korans sind die einzelnen Suren nicht der chronologischen Reihenfolge ihrer Offenbarung entsprechend parallel zum Lebenslauf Mohammeds, sondern der Länge nach geordnet, mit Ausnahme der ersten Sure.

Schon früh wurden die einzelnen Suren von muslimischen Koranwissenschaftlern mit dem Attribut «mekkanisch» oder «medinensisch» versehen, je nach Auffassung der Gelehrten, ob die betreffende Sure in Mekka (zwischen 610 und 622) oder in Medina (zwischen 622 und 632) offenbart worden war.

Die Suren beginnen jeweils mit einer Überschrift, danach folgt die Formel: «Im Namen Gottes, des Gnädigen und Barmherzigen». Diese Formel steht zu Beginn jeder Sure, ausgenommen der Sure 9. Wer heute eine arabische Koranausgabe zur Hand nimmt, stellt fest, dass der gesamte vorliegende Text des Korans in 30 Abschnitte aufgeteilt ist, die während des 30 Tage dauernden Fastenmonats Ramadan rezitiert werden können.

Die einzelnen Suren selbst bilden in sich zumeist kein geschlossenes Ganzes, sondern sind eine Aneinanderreihung von einzelnen Sequenzen (Folgen), die thematisch nur lose oder aber gar nicht miteinander verbunden sind.

Änderung des Inhalts

Obwohl der Koran unter Verbalinspiration und ohne Mitwirkung der Person Mohammeds zustande gekommen sein soll, hat die muslimische Theologie nicht bestritten, dass einzelne Verse des Korans nach ihrer erstmaligen Offenbarung später wieder abgeändert worden sind, da sie nur zeitlich begrenzt gültig waren oder es sich sogar um eine vom Satan untergeschobene Offenbarung gehandelt hatte. Dieses Verfahren nennt man «Abrogation».[50]

Im Koran werden drei Gründe für eine Abrogation genannt:

1. Mohammed vergass etwas davon.[51]
2. Der Satan schob Mohammed eine falsche Offenbarung unter.[52]
3. Gott selbst tauschte einige Passagen gegen bessere Offenbarungen aus.[53]

---

[50] Abrogation (vom Lateinischen abrogare: abschaffen). «Der Islam als Buchreligion versteht den Koran einerseits als die unverfälschte Offenbarung Gottes und räumt gleichzeitig die Möglichkeit der Abrogation des Textes ein, was bedeutet, dass man davon ausgeht, dass Gott sein Wort nach einer ersten Offenbarung nochmals ändern kann», Schirrmacher S. 119 Band 1. Wörtlich heisst es in Sure 2, Vers 106, die als Legitimation der Abrogationslehre dient: «Wenn wir einen Vers (aus dem Wortlaut der Offenbarung) tilgen oder in Vergessenheit geraten lassen, bringen wir (dafür) einen besseren oder einen, der ihm gleich ist. Weißt du denn nicht, dass Gott zu allem die Macht hat?»

[51] Sure 87, 6–7 spricht von dieser Möglichkeit, allerdings kann Mohammed nur durch Gottes Willen etwas vergessen: «Wir werden dich (Offenbarungstexte) vortragen lassen, und du wirst nichts (davon) vergessen, außer was Gott will! Er weiß, was verlautbart, und was geheimgehalten wird (wörtlich: was verlautbart wird, und was verborgen ist).»

[52] Sure 22,53: «(Er lässt dies alles geschehen) um das, was der Satan (dem betreffenden Gesandten oder Propheten) unterschiebt, zu einer Versuchung für diejenigen zu machen…»

[53] Ein Beispiel dafür ist die Anweisung, die zuvor nach Jerusalem festgelegte muslimische Gebetsrichtung nach Mekka hin zu ändern: «Wir sehen ja dein Gesicht sich (suchend) zum Himmel wenden. Nun wollen wir dir ganz gewiss eine Gebetsrichtung zuweisen, mit der du zufrieden bist. So wende dein Gesicht in Richtung der geschützten Gebetsstätte» (= Kaaba in Mekka), Sure 2, 144 (Übersetzung nach Bubenheim).

Dabei wird von der muslimischen Theologie gesagt, dass frühere Texte durch spätere aufgehoben werden. Das betrifft viele Koranverse. Doch das Problem besteht darin, dass es von muslimischer Seite keine allgemein anerkannte Autorität gibt, welche sagen kann, welche Verse aufgehoben und somit ausser Kraft gesetzt sind. Das hat zur Folge, dass man sich in bestimmten Fragen immer auf diejenigen Verse des Korans beziehen kann, die einem gerade passen.

Da zeigt sich die Zwiespältigkeit des Korans (und damit des ganzen Islam). Der Islam kann zugleich friedfertig und kriegerisch sein. Wenn z. B. islamistische Fanatiker im Namen des reinen und wahren Islam oder im Namen des Korans unschuldige Kinder, Frauen und Männer brutal umbringen[54], kann ihnen niemand im Namen des Korans dies verwehren. Man kann höchstens sagen: «Wir verstehen den Islam anders.» Die Zwiespältigkeit des Islam zeigt sich darin, dass man sich im Namen des Korans für Toleranz wie auch für brutale Gewalt entscheiden kann.

Die Bedeutung des Korans für Muslime

Kein gläubiger Muslim zweifelt daran, dass der Koran direkt von Gott offenbart wurde und somit Gottes Wort in Reinform ist. Der Koran ist deshalb fehlerlos, weil kein Mensch irgendwie mitwirken konnte. Aufgrund seines Glaubens ist kein Muslim bereit, den Koran durch kritische Untersuchungen zu hinterfragen. Jede Kritik am Koran ist wie eine Kritik an Gott selbst. Allah und Koran werden im Islam so sehr als eins gesehen, dass im Grunde nur ein Gottloser es wagen kann, etwas gegen den Koran zu sagen.[55]

---

[54] Am Sonntag 31. Oktober 2010 wurden in der Bagdader Erlöserkirche während eines Gottesdienstes zwei Priester und insgesamt 52 Gläubige überfallen und getötet. In der Kirche wurde alles zerstört, was möglich war. Der Kommentar der Drahtzieher im Internet lautete: «Wir haben eine dreckige Höhle der Götzenanbeter gestürmt, einen Stützpunkt ihres Kampfes gegen den Islam.» Und dann wird weiter erwähnt, dass diese «gesegnete Operation» von «Fünf Helden des Islam» ausgeführt worden sei. Die Selbstbezeichnung «Helden des Islam» löste in der muslimischen Welt praktisch keinen Widerspruch aus (vgl. CSI 1/2011).

[55] Deshalb ist für den Muslim eine literarkritische Untersuchung des Korans nicht denkbar, weil ja Gott selbst der Autor ist. Wer einen menschlichen Stil im Koran entdecken will, gilt bereits als «Ungläubiger». So können selbst islamische Wissenschaftler, wenn sie denn kritisch an den Text des Korans herangehen, aus der Glaubensgemeinschaft der Muslime ausgeschlossen werden.

Der Respekt eines Muslims vor dem Koran äussert sich in ganz konkreten Dingen:

- Der Koran wird niemals auf den Boden gelegt. Er liegt normalerweise auf der höchsten Stelle im Zimmer, beispielsweise auf dem Schrank.
- Oft wird der Koran als Zeichen der Hochachtung geküsst.
- Niemals schreibt man etwas in den Koran hinein oder markiert Koranverse.
- Niemand darf mit ungewaschenen Händen einen Koran berühren, und Frauen nicht zur Zeit ihrer Unreinheit (Menstruation und Wochenbett).
- Der Koran darf auf keinen Fall beschmutzt, zerrissen, verbrannt oder auf andere Weise schädigend behandelt werden, da sonst der Verdacht der Apostasie (Glaubensabfall) bestehen kann.

Muslime sind befremdet, wenn sie sehen, wie «locker» Christen mit der Bibel umgehen. Dahinter verbirgt sich jedoch ein unterschiedliches Verhältnis von Christen zur Bibel und von Muslimen zum Koran. So ist für die Muslime der Koran in etwa das, was für die Christen Jesus Christus selbst ist.[56]

Biblische Personen und Jesus im Koran

Inhaltliche Untersuchungen zeigen, dass der Wurzelboden des Korans das Alte Testament ist. Die wichtigsten im Koran genannten biblischen Personen sind: Adam, Noah, Abraham, Ismael, Isaak, Lot, Jakob, Josef, Mose, Aaron, David, Salomo, Elias, Elischa, Jona, Hiob, Zacharias, Johannes, Maria, Jesus. Doch – wie wir bereits bei Abraham/Ibrahim – gesehen haben, wird vieles in anderen Zusammenhängen dargelegt.

Das gilt auch für Jesus. Im Koran ist von Jesus in insgesamt über 90 verstreuten Versen die Rede. Jesus hat im Koran eine besondere Stellung. Im gesamten Koran findet sich kein negatives Wort über den Propheten Jesus.

Selbst der Vorwurf, dass Jesus zu Unrecht zu Gott erklärt worden sei, richtet sich im Koran nicht gegen Jesus selbst, sondern wird gegen die christliche Gemeinschaft erhoben.

---

[56] So ist im Gegensatz zur Verbrennung einer Bibel die Verbrennung eines Korans ein Sakrileg, vergleichbar der Schändung des Allerheiligsten in der katholischen Kirche.

Der Koran gilt als Abschrift des ewigen, unverfälschten Wortes Gottes, das vom Himmel herabgestiegen ist. Da der Autor Gott selbst ist, kann der Koran nach islamischer Überzeugung keine Fehler enthalten und ist für alle Menschen zu allen Zeiten gültig. Muslime bringen dem Koran göttliche Achtung entgegen. Nichts darf in einen Koran hineingeschrieben werden. Eine Seite des Korans zu zerreissen gilt als Sakrileg.

Jesus erhält im Koran auch besondere Ehrentitel, die keinem anderen Propheten beigelegt werden. Jesus wird als «Wort Gottes» oder «Geist von ihm» bezeichnet.[57] Jesus bringt den Menschen eine Schrift, das Evangelium und verkündet das Wort Gottes. Jesus vollbringt nicht nur Zeichen, sondern ist – im Unterschied zu Mohammed – selbst «ein Zeichen für die Menschen» (Sure 19, 21).

Darüber hinaus hat er jedoch keinen weiteren Auftrag zu erfüllen. Er ragt nicht über die übrigen Gesandten hinaus, und er ist (anders als Mohammed) nicht zur ganzen Welt gesandt, sondern nur zum Volk Israel. Jesus wird von den Muslimen «Prophet» genannt, genauso wie Mose und David.[58] In den Augen der Muslime sind alle echten Propheten, also auch Jesus, echte Muslime.

Unterschied: Bibel und Koran

Ein erster Unterschied besteht in der Grundstimmung. Beim Koran steht das Vortragen im Zentrum. «Trag vor im Namen deines Herrn,…» (Sure 96) Der Mensch soll hören, was ihm gesagt wird und dies dann tun. Gehorsam und Unterwerfung unter die befehlende Autorität Gottes ist die adäquate Antwort des Menschen.

Als Jesus nach dem grössten Gebot gefragt wurde, zitierte er das Buch Deuteronomium, das «Shma Israel» und antwortete den Menschen: *«Das erste ist: Höre, Israel, der Herr, unser Gott, ist der einzige Herr. Darum sollst du den Herrn, deinen Gott, lieben mit ganzem Herzen und ganzer Seele, mit all deinen Gedanken und all deiner Kraft. Als zweites kommt hinzu: Du sollst deinen Nächsten lieben wie dich selbst. Kein anderes Gebot ist größer als diese beiden» (Mk 29,31).* Die Bibel lädt den Menschen zum Hören, zum Lauschen auf die Stimme Gottes ein. Das bewirkt eine Beziehung der Liebe. Die Folge davon ist die Hingabe an diesen Gott der Liebe und an Seinen Willen.

Ein weiterer Unterschied: Die Bibel ist Gottes Wort. Sie bezeugt die Offenbarung Gottes in der Geschichte des Volkes Israels und in Jesus Christus. Sie ist Gottes Wort in Menschenwort, wie Paulus

---

[57] Vgl. Sure 4,171

[58] Trotz mehrerer Ehrentitel wie «Wort Gottes», «Geist Gottes», «Messias» und der Bestätigung seiner herausragenden Fähigkeiten wie Krankenheilungen, Totenauferweckungen ist Jesus nach dem Verständnis des Korans und der muslimischen Theologie nicht der im Alten Testament angekündigte und im Neuen Testament bezeugte Gesalbte, nicht der Erlöser, der Gekreuzigte und Auferstandene. Seine Rolle und Stellung wird durch sein Prophetenamt begrenzt.

sagt: *«Darum danken wir Gott unablässig dafür, dass ihr das Wort Gottes, das ihr durch unsere Verkündigung empfangen habt, nicht als Menschenwort, sondern - was es in Wahrheit ist - als Gottes Wort angenommen habt; und jetzt ist es in euch, den Gläubigen, wirksam» (1Thess 2,13).*

Da die Bibel als Gottes Wort von Menschen geschrieben wurde, lassen sich kulturell und literarisch bedingte Stilformen in der Bibel identifizieren. Auch war nicht von Anfang an alles, was die christliche Offenbarung beinhaltet, schon gegeben. Vielmehr entfaltete sich die Offenbarung durch das Alte Testament und findet in Jesus Christus seine Erfüllung.

Im Gegensatz dazu ist der Koran für Muslime nicht ein Bericht, der sich auf eine Geschichte Gottes mit den Menschen bezieht. Er ist vielmehr selbst das grundlegende Ereignis. Der Koran ist die wortwörtliche Offenbarung Gottes selbst. Er ist ein «geschichtsloses» Buch und kann deshalb keine «Geschichtsfehler» enthalten. Er ist das Wort Gottes, das schon ewig existiert. Deswegen feiern die Muslime die Herabsendung der ersten Koransuren auch so eindrücklich im Fest des Fastenbrechens.[59]

Doch auch die Christen kennen ein Wort Gottes, das schon ewig existiert und auf die Erde kam. Doch dieses Wort, so betont der Evangelist Johannes ausdrücklich, wurde nicht Papier und Buchstabe, sondern Fleisch und Blut *(vgl. Joh 1,1.14).* Deshalb wird im Christentum Weihnachten, in der Gottes Wort Mensch wird, festlich (auch mit Geschenken) gefeiert.

Im Mittelpunkt des Christentums steht eine *Person*, Jesus Christus; im Mittelpunkt des Islam dagegen ein *Buch*, der Koran. Zu einem echten Dialog zwischen Muslimen und uns Christen gehört es deshalb, dass wir verstehen, was der Koran den Muslimen bedeutet, und dass wir unsrerseits bezeugen, was Jesus Christus für uns bedeutet.

---

[59] Das Fest, mit dem die 29- bis 30-tägige Fastenzeit während des Monats Ramadan ihren Abschluss findet, wird in den ersten drei Tagen des Folgemonats Schauwal gefeiert, bei welchem auch Geschenke verteilt werden. Im Türkischen wird das Fest auch als «Zuckerfest» bezeichnet.

3.2. Die fünf Säulen

Der islamische Glaube gründet in erster Linie auf dem Koran sowie in zweiter Linie auf der Überlieferung, den sogenannten Hadithen. Die Hadithen beinhalten viele Worte und Taten Mohammeds. Die Lebensweise des Propheten, auf Arabisch auch «Sunna» (sunna= gewohnte Handlung, Brauch) genannt, ist bis heute für jeden gläubigen Muslim Richtschnur und Vorbild, dem er möglichst getreu nacheifert. Mohammed war nicht nur Prophet, indem er Botschaften von Allah empfing und diese weitergab, sondern sein ganzes Leben gilt als Botschaft Gottes. Den Gläubigen gibt die möglichst getreue Nachahmung Mohammeds die Gewissheit, dass sie richtig vor dem Angesicht Allahs leben. So gilt neben dem Koran die Sunna des Propheten als die zweitwichtigste Quelle des islamischen Rechts.

Nach muslimischer Auffassung ist der Islam die Urreligion der Menschheit, die von Anbeginn an existierte und von Adam an von jedem Propheten verkündet wurde. Demzufolge versteht sich der Islam nicht als neue Religion, sondern als die Wiederherstellung der einzig wahren Religion.

Die wichtigsten Glaubenssätze

Die drei wesentlichen und verbindlichen Glaubenssätze sind:

1. Der Glaube an die Einheit und Einzigkeit Gottes.
2. Der Glaube an den Propheten Mohammed.
3. Der Glaube an das Jüngste Gericht und das Leben nach dem Tod.

Doch der muslimische Glaube besteht nicht nur im Festhalten an diesen Lehrsätzen. Er hat praktische Konsequenzen und beinhaltet Pflichten, die sich aus dem Bekenntnis zu Allah und seinem Propheten Mohammed ergeben.

Die sogenannten «fünf Säulen» des Islam bilden die Grundpfeiler der islamischen Pflichtenlehre. Sie sind Ausdruck des Glaubens sowie sichtbares Zeichen der Zugehörigkeit zur Religion des Islam, denn sie verbinden durch die gemeinsame, gleichzeitige Religionsausübung die Mitglieder der weltweiten muslimischen Gemeinschaft miteinander.

3.2.1. Das Bekenntnis

Der Glaube an Allah und seinen Propheten und das Ablegen des Bekenntnisses zu diesem Glauben wird im Islam mit den folgenden Worten ausgedrückt: «Ich bezeuge, dass es keinen Gott gibt ausser Allah, und ich bezeuge, dass Mohammad sein Diener und sein Gesandter ist.»

Das Glaubensbekenntnis begleitet den muslimischen Gläubigen von der Geburt bis zum Tod: Es wird dem Neugeborenen baldmöglichst ins Ohr geflüstert und ebenso dem Sterbenden, wenn dieser es selbst nicht mehr aussprechen kann. Auf diese Weise soll er sich im Jenseits daran erinnern können, wenn ihn der Todesengel nach seinem Bekenntnis befragt. Zudem wird das Bekenntnis beim Gebetsruf vor Beginn des rituellen Gebets gesprochen sowie beim Gebet selbst. Durch dieses Bekenntnis tritt ein Konvertit zum Islam über. Er gehört nun für immer zur Gemeinschaft der Muslime, der «Umma», denn ein Austritt aus dem Islam ist rechtlich nicht möglich.

3.2.2. Das Gebet

Die fünf täglichen Gebete vor Sonnenaufgang, zur Mittagszeit, am Nachmittag, am Abend und in der Nacht helfen dem Muslim, sich im Alltagsleben ständig der Gegenwart Allahs bewusst zu sein. Diese Gebete sind eine ständige Erinnerung an die Allmacht Allahs. Jedes dieser fünf Gebete dauert fünf bis zehn Minuten. Vor jedem dieser Gebete, die durch einen Gebetsruf angekündigt werden, ist eine rituelle Waschung verpflichtend.

Der arabische Begriff für die fünf täglichen Gebete (für das rituelle Gebet) stammt aus dem Aramäischen und bedeutet «sich niederbeugen, unterwerfen». Die Muslime müssen den Ablauf des Gebetsgottesdienstes mit mehrmaligem Niederknien und Niederwerfen in allen Bewegungsabläufen genau beherrschen.[60] Das Pflichtgebet («Salat» genannt) muss von jedem Muslim ab seiner Mannbarkeit auf Arabisch mit Richtung auf Mekka gehalten werden. Bei Versäumnis ist es nachzuholen.

---

[60] Jegliche Abweichung macht das Gebet «nichtig» und muss wiederholt werden. Männer und Frauen dürfen nicht mit- oder nebeneinander, auch nicht im gleichen Raum beten. Das wäre Sünde. Alles weibliche Beten gilt als Privatgebet, das Gebet von Nichtmuslimen ist grundsätzlich ungültig.

Im Gegensatz zum christlichen Verständnis, wo im Gebet Kontakt mit Gott gesucht wird, geht es im Islam um eine Pflicht, die man zu erfüllen hat.

– Das Freitagsgebet

Eine Sonderstellung nimmt das Mittagsgebet am Freitag ein. Es wird zur Mittagszeit in der Hauptmoschee einer Stadt, der sogenannten Freitagsmoschee, gemeinsam verrichtet.[61] Nach dem Vorbild Mohammeds wird das Freitagsgebet von einem Imam[62] geleitet. Zum Freitagsgebet gehört nebst dem rituellen Gebet eine Freitagspredigt vom Imam oder einem anderen Prediger zu religiösen, aktuellen, auch politischen Themen. So ist die Gebetsgemeinde zugleich immer auch eine politische Gemeinde, und es zeigt sich, dass das Pflichtgebet eine öffentliche Demonstration der Unterwerfung unter Allah ist.[63]

Zu diesen rituellen Gebeten können auch noch persönliche Gebete hinzukommen, nicht jedoch während des rituellen Gebetes.

3.2.3. Die Almosen

Der Islam legt grossen Wert auf Grosszügigkeit und Mildtätigkeit als Mittel zur Läuterung der eigenen Seele und zur Annäherung an Allah. Dem Muslim ist auferlegt, freiwillige Gaben zu verteilen, wenn immer es ihm möglich ist. Doch die vorgeschriebenen Almosen kommen nur den Muslimen zugute.

Jeder Muslim hat einmal jährlich eine Almosen-Steuer abzugeben, die sogenannte Zakat. Die Höhe variiert zwischen 2,5 und 10%, ebenso wie die Besteuerungsgrundlage (Einkommen oder Gesamtvermögen). Die Zakat ist eine fromme Handlung und religiöse Pflicht des Muslims und kann nur Muslimen zugute kommen. Die Zakat gibt der Muslim-Gemeinde die nötigen finanziellen Mittel, um die eigenen Mitglieder zu unterstützen.[64]

---

[61] Für Frauen ist die Teilnahme am Freitagsgebet nicht verpflichtend, sie können das Gebet zu Hause verrichten.

[62] Arab. Imam: Vorbeter, Führer, Meister

[63] Das Pflichtgebet kann aber auch zuhause und alleine gebetet werden. Bei Verhinderung darf es auch zu anderen Zeiten vor- bzw. nachgeholt und auch mehrere Gebete dürfen zusammengefasst werden. Dies ermöglicht, dass ein normaler Arbeitsprozess nicht durch das rituelle Gebet unterbrochen werden muss.

[64] Im islamischen Gesetz wurde die Zahlung bis in alle Einzelheiten als Pflicht für alle Muslime festgelegt. Diese Steuer wird an eine zentrale Behörde abgegeben.

3.2.4. Das Fasten

Vorbild für das Fasten war ursprünglich in Medina das jüdische Fasten zum jüdischen Versöhnungstag am 10. Tag des jüdischen Monats Tischri. Damit wollte Mohammed den Juden in Medina entgegenkommen, um sie für den Islam zu gewinnen. Nach der Vertreibung der Juden aus Medina änderte Mohammed nicht nur die Richtung für das rituelle Gebet, sondern auch die Praxis des Fastens und gab ihm einen neuen Sinn. Es wurde nun auf die Herabsendung des Korans bezogen.

Das Fasten während des Ramadan[65], dem neunten Monat im islamischen Kalender, ist allen Muslimen vorgeschrieben, die gesund sind und das Reifestadium erreicht haben, sofern sie nicht von der Einhaltung des Fastens durch verschiedene Umstände wie einer Reise, hohes Alter, Krankheit, geistige Unzurechnungsfähigkeit abgehalten werden.[66]

Das Fasten im Ramadan beginnt vor Anbruch der Morgendämmerung und dauert bis nach Sonnenuntergang. Während dieser Zeit enthält sich der Muslim des Essens, des Trinkens von Wasser oder anderen Getränken, des Geschlechtsverkehrs und des Rauchens. Es geht darum, in dieser Zeit nichts in den Körper aufzunehmen.

Das Fasten lehrt den Muslim Disziplin und Selbstbeherrschung und läutert gleichzeitig Seele und Körper. Das Fasten ist auch eine Zeit der Besinnung auf Gott und seine Gebote und manchmal auch

---

Sollten Nichtmuslime aufgrund eines Versehens bei einer Katastrophe auch von dieser Steuer Unterstützung erhalten haben, müssen sie diese später wieder zurückzahlen.

[65] Der Koran schreibt zur Einsetzung des Fastens in Sure 2, 185: Der Monat Ramadan ist es (oder: (Fastenzeit ist) der Monat Ramadan), in dem der Koran (erstmals) als Rechtleitung für die Menschen herabgesandt worden ist, und (die einzelnen Koranverse) als klare Beweise der Rechtleitung und der Rettung (?). Wer nun von euch während des Monats anwesend (d. h. nicht unterwegs) ist, soll in ihm fasten. Und wenn einer krank ist oder sich auf einer Reise befindet (und deshalb nicht fasten kann, ist ihm) eine (entsprechende) Anzahl anderer Tage (zur Nachholung des Versäumten auferlegt). Gott will es euch leicht machen, nicht schwer. Macht darum (durch nachträgliches Fasten) die Zahl (der vorgeschriebenen Fastentage) voll und preiset Gott dafür, daß er euch rechtgeleitet hat! Vielleicht werdet ihr dankbar sein.

[66] Eine Frau während der Monatsblutung gilt als unrein. An diesen Tagen kann die Frau das rituelle Gebet sowie das Fasten nicht vollziehen und muss dies später nachholen. Gemäss den Reinigungsvorschriften sollen Männer vor dem Gebet nicht Frauen begrüssen und berühren, denn die Frauen könnten ja ihre Monatsblutung haben, und dadurch unrein sein.

Zur jährlichen Wallfahrt nach Mekka versammeln sich mehrere Millionen Muslime aus der ganzen Welt. Sie vollziehen die vorgeschriebenen Rituale und feiern das Opferfest. Dies ist ein eindrückliches religiöses Fest, aber auch eine politische Demonstration von Grösse und Stärke.

der Versöhnung unter Zerstrittenen. Aus dem Koran wird dann täglich einer der 30 Abschnitte rezitiert, in die der Text unterteilt ist.[67]

Das Ramadanfasten endet mit dem «Fest des Fastenbrechens» an den ersten drei Tagen des auf den Ramadan folgenden Monats. Muslime brechen das Fasten gerne mit einer Dattel und einem Glas Milch, wie dies Mohammed getan haben soll. Das dreitägige Fest des Fastenbrechens bringt die Freude nach dem erfolgreichen 30-tägigen Fasten zum Ausdruck sowie die Freude über die Herabsendung des Korans und den Beginn der Offenbarungen Gottes. Da bei solchen Anlässen auch viele Süssigkeiten gegessen und verschenkt werden, erhielt das Fest einen zusätzlichen Namen: das Zuckerfest.

3.2.5. Die Pilgerfahrt

Die Pilgerfahrt nach Mekka ist für alle Muslime, auch für die Frauen, zumindest ein Mal im Leben verpflichtend, sofern sie gesund sind und die finanziellen Mittel dafür aufbringen können. Diese Pilgerfahrt findet vorzugsweise während des Opferfestes statt.[68] Ein Höhepunkt der Pilgerfahrt ist das Umschreiten der Kaaba. Die Kaaba im Mittelpunkt der heiligen Moschee von Mekka ist ein etwa 15 m hoher leerer Würfel mit einem schwarzen Stein darin. Sie wird siebenmal umschritten.

Die jährliche Wallfahrt nach Mekka ist eines der grössten Ereignisse in der islamischen Welt, weil sie Muslime aller Rassen und Länder der Erde zusammenführt. Dieses grosse Erlebnis im Leben eines Muslims hilft ihm auch, Allah näher zu kommen. Zugleich ist

---

[67] In der Praxis ist der spirituelle Sinn des Fastens in den Hintergrund gerückt. Denn in der Regel (Ausnahmen bestätigen auch hier die Regel) isst man jeweils nach Sonnenuntergang mehr und besser als an gewöhnlichen Tagen.

[68] Das Opferfest ist das höchste Fest des Islam, es findet am 10. Tag des Monats Haddsch statt, das ist der 12. Monat des islamischen Kalenders. Es erinnert daran, wie Allah den Sohn Ibrahims (Abrahams) vor dem Opfertod rettete. Traditionell schlachten die Familien ein Schaf nach rituellen Vorschriften, wobei ein Drittel des Fleisches Bedürftige erhalten und ein weiteres Drittel die Verwandtschaft. Das gemeinsame Festmahl ist der eigentliche Höhepunkt. Heute werden anstelle der Schlachtungen oft andere Geschenke verteilt. Das Fest des Fastenbrechens und das Opferfest werden in der gesamten islamischen Welt gefeiert. Beide Feste erwähnt der Koran nicht. Die Überlieferung besagt jedoch, dass Mohammed selbst beide Feste im ersten oder zweiten Jahr nach der Auswanderung nach Medina (also 623 oder 624 n. Chr.) eingesetzt habe.

die jährliche Pilgerfahrt aber auch ein politisches Fest, eine Demonstration von Grösse und Stärke.

Der gesamte Bezirk um Mekka und Medina gilt als heiliger Bezirk. Nichtmuslimen ist nicht nur das Betreten der Moschee in Mekka, sondern auch des gesamten, mehrere Quadratkilometer umfassenden heiligen Bezirkes um Mekka und Medina mit allen Wallfahrtsorten verboten.

Muslim zu sein mit den fünf täglichen Gebeten (täglich insgesamt 25–50 Minuten) und dem Fasten während eines ganzen Monats ist anspruchsvoll. Und doch scheint das Leben als Muslim einfacher, als als Christ zu leben. Denn als Christ muss ich immer wieder nachdenken und mich fragen: Was ist jetzt richtig? Was entspricht jetzt der Liebe? Was sagt mir mein Gewissen? Und selbst wenn das richtige Verhalten (die Lehre der Kirche) bekannt ist, ist die Herzenshaltung entscheidender als die äussere Tat. Diese Fragen kennt ein Muslim so nicht, denn Muslim zu sein bedeutet, eine bestimmte Lebensweise mit zu leben.

Diese Lebensweise zeigt sich im Gebet, in der Kleidung, im Nichtessen von bestimmten Nahrungsmitteln (z. B. kein Schweinefleisch) und in anderem mehr. Ein Muslim muss nicht selbst nachdenken, was er jetzt zu tun hat. Es wird ihm gesagt, und alle tun es auch so.[69] Diese Normen geben dem Islam Kraft und eine kollektive Identität. Alle fasten gemeinsam, alle führen beim Gebet dieselben Riten durch. Bei der jährlichen Pilgerfahrt kommen Millionen von Gleichgesinnten zusammen. In all dem liegt eine grosse kollektive Kraft. Diese gesellschaftliche Realität ist von grosser Bedeutung für den Islam.

---

[69] Deshalb ist die wichtigste Wissenschaft im Islam nicht die Theologie oder die Spiritualität, sondern die Rechtswissenschaft. Als Weiser gilt, wer die gesamte Rechtslehre und damit alle Verhaltens- und Rechtsentscheide kennt.

3.3. Die weltumspannende islamische Gemeinschaft: Umma

Christentum und Islam sind zwei Religionen, die zwei unterschiedliche Visionen für alle Menschen vertreten: die Vision des Reiches Gottes im Christentum und die Vision des Reiches des Islam (Umma) im Islam.

Der Islam versteht sich als eine Lebensweise, die seit Beginn der Schöpfung den Menschen als Wegweiser für eine diesseitige und jenseitige Glückseligkeit dient. Der Einzelne hofft zwar auf das Paradies (nach dem Gericht). Dennoch ist aber ein wesentliches Ziel des Islam innerweltlich: das Reich des Islam.

3.3.1. Die Umma (Reich des Friedens, Reich des Islam)

Der Islam hält nicht Ausschau nach einem Gott, der von «aussen» kommt, der in diese Welt eingreift und rettet. Das Heil kommt nicht von aussen, sondern vom Islam selbst. Deshalb ist die Ausbreitung und Eroberung der Welt für den Islam so zentral. Das Ziel des Islam besteht letztlich in der Islamisierung der ganzen Welt. Dann wird auf der Welt Friede sein.

Jihad – Heiliger Krieg

Um diese grosse Vision zu erfüllen, sind alle Muslime zum Jihad aufgerufen. «Jihad» bedeutet zunächst «Bemühen» oder «Anstrengung auf dem Weg Gottes». Gemeint ist mit Jihad der volle Einsatz für den Islam. Es ist Aufgabe jedes Muslims, die Menschen zur Konversion zum Islam einzuladen. Denn es ist sein missionarischer Auftrag, der gesamten Menschheit die Wahrheit zu verkünden.

Dieser Auftrag kennt verschiedene Formen.[70] Der Koran spricht (vor allem in mekkanischer Zeit) sowohl von der werbenden Verkündigung des Islam als Botschaft Gottes, als auch vom Jihad als Kampf und Krieg (vorwiegend in medinensischer Zeit). Beide Deu-

---

[70] Muslimische Juristen unterscheiden vier verschiedene Arten des Jihad (Schirrmacher, 183): Der Jihad des Herzens: Dies ist die Bekämpfung des Teufels und die Abwehr seiner Angriffe. Der Jihad der Zunge: Er wird gekämpft durch das Aussprechen des Wahren und Richtigen. Der Jihad der Hände: Dies ist das Eintreten für das Richtige und das Vermeiden des Falschen. Der Jihad des Schwertes: Dieser bedeutet Kampf und Krieg gegen die Ungläubigen und die Feinde des Glaubens.

tungen des Begriffs – eine friedlich-werbende Verkündigung wie eine kämpferische Ausbreitung[71] der Religion – sind möglich.

Der Jihad ist eine Pflicht für alle erwachsenen männlichen Muslime, und zwar persönlich wie kollektiv. Die kollektive Pflicht zum Jihad gilt im Falle einer Gefahr für die gesamte Gemeinschaft. Nur der Imam hat das Recht und die Pflicht, ihn zu verkünden. Doch wenn er zum Heiligen Krieg aufruft, müssen alle erwachsenen männlichen Muslime daran teilnehmen.

Das grosse Ziel ist, dass die ganze Welt muslimisch wird, das heisst die ganze Welt heimgeführt wird in die Umma. Darin ist nicht mehr die Familien- oder Stammeszugehörigkeit das oberste Prinzip, sondern die Glaubenszugehörigkeit und Gleichheit vor Gott und dem Gesetz. In der Umma herrschen Geschwisterlichkeit und gegenseitige Unterstützung. Die Umma ist dem Stamm, der Nation, der Familie, ja selbst der Ehe übergeordnet.

Ein Aspekt des Wachsens der weltweiten Umma besteht darin, dass die Kinder aus muslimisch-christlichen Ehen immer Muslime werden. Ein muslimischer Mann darf eine Christin heiraten, jedoch kein Christ eine Muslim. Er muss zuerst den Islam annehmen, damit er eine muslimische Frau heiraten darf.

Haus des Friedens (des Islam) und Haus des Krieges

Als Folge dieser grossen Vision wird die ganze Welt nach Auffassung der traditionellen muslimischen Theologie in zwei Bereiche eingeteilt: in das «Haus des Friedens» und das «Haus des Krieges».[72]

Das Haus des Friedens ist dort, wo der Islam «herrscht» und die Scharia als Gesetz gilt. Innerhalb dieses Hauses des Friedens gibt es noch eine Unterteilung für die Christen und Juden. Sie gehören zum «Haus des Schutzes». Im Fall einer Eroberung werden sie nicht gezwungen, den Islam anzunehmen. Sie können ihren Glauben unter bestimmten Rahmenbedingungen in eingeschränkter Form weiter praktizieren.[73]

---

[71] Einige Koranverse, die zum Heiligen Krieg aufrufen: 2,190–193; 4,101; 9,29. Vgl. dazu auch: 7.3. Gibt es einen Unterschied der Kriege der Muslime und der Christen (z. B. die Kreuzzüge)? S. 138.

[72] Länder, die Muslimen gestatten, ihren Glauben ungehindert auszuleben, werden als Länder mit einer gewissen Zwischenstellung, als «Länder des Vertrages» bezeichnet. Diese Einteilung findet sich weder im Koran noch in der Überlieferung (arab. sunna), sondern ist eine Definition muslimischer Theologen.

Zum «Haus des Krieges» gehören alle Länder, die noch nicht muslimisch sind. In diesen zu erobernden Gebieten herrscht in gewisser Weise der prinzipielle Kriegszustand und dies so lange, bis auch sie zum «Haus des Islam» gehören. Es ist aus muslimischer Sicht im Grunde unmöglich, dass der wahre Glaube (also der Islam) und der Götzendienst beziehungsweise der Unglaube nebeneinander existieren können, da diese Welt den Gläubigen gehört.

Der Krieg gegen die Ungläubigen ist deshalb immer ein gerechter Krieg. Er darf auch mit unlauteren Mitteln geführt werden. Dabei ist z. B. lügen, wenn dies der Verbreitung der Umma dient, erlaubt. Der Krieg kann nur für bestimmte Zeit als Waffenstillstand per Vertrag oder Schiedsgericht ausgesetzt werden, etwa, wenn die Übermacht der Gegner zu gross ist und wenn keine Aussicht auf Sieg besteht. Doch da gibt es andere Formen der Ausbreitung des Islam.[74]

[73] Im Zuge des muslimischen Vorrückens im Mittleren Osten (7. und 8. Jahrhundert) kam es mit den verschiedenen christlichen Gemeinschaften zu «Schutzverträgen». Diese Verträge gewährleisteten einerseits im Schatten der islamischen Macht die Sicherheit der Personen, der Güter und der erlaubten christlichen Gottesdienste, der Kultusfreiheit. Andrerseits legten sie den Christen jedoch bestimmte Verbote und Zeichen der Unterlegenheit auf. So durfte (bis heute) nach der islamischen Besetzung Ägyptens der christliche Glaube weiter praktiziert werden. Doch die Christen mussten den Muslimen die Kopfsteuer und die Grundsteuer zahlen. Diese Abgabenlasten, die immer grösser wurden, haben dann dazu geführt, dass viele Christen zum Islam übertraten.

[74] Die Ausbreitung des Islam, der Jihad, kennt viele Formen. Eine Form des Jihad, und damit des Wachstums des Islam, kann auch durch Geburten geschehen. Da die in Europa eingewanderten muslimischen Familien weit mehr und viel früher Kinder haben, verschieben sich die Bevölkerungsanteile.
Dazu einige Fakten: «In Frankreich hat eine solche Familie 8.1 Kinder, und im Süden des Landes gibt es heute schon mehr Moscheen als Kirchen. 30 % aller Kinder unter 20 Jahren landesweit sind Muslime, und in den grossen Städten wie Marseille oder Paris sind es sogar 45 %. In 39 Jahren könnte Frankreich eine islamische Republik sein. In England gab es vor 30 Jahren 82'000 Muslime, heute jedoch sind es 2,5 Millionen, das Dreissigfache. Viele der über 1'000 Moscheen waren früher einmal Kirchen. In den Niederlanden wird in 15 Jahren die Hälfte der Bevölkerung muslimisch sein, wie heute schon in Belgien von den Neugeborenen. Im Jahr 2025, in 16 Jahren also, sind ein Drittel aller europäischen Kinder Muslime; der heute am meisten gebrauchte und populärste Name ist «Mohammed». Deutschland könnte bis im Jahr 2050 ein islamischer Staat werden, und in 20 Jahren werden sich die Muslime in Europa auf 104 Millionen verdoppelt haben.
Das sind keine Schauerprognosen, sondern offizielle Statistiken. Immerhin müssen demografische Voraussagen durch sozialpsychologische Untersuchungen ergänzt oder sogar relativiert werden; und es ist nicht auszuschliessen, dass sich der Islam bei uns auf westeuropäische Werte und damit auf kleinere Familien einpendeln könnte.» P. Hildebrand, S. 90/91.

Der Koran sichert denjenigen, die im Jihad ihr Leben lassen, einen gewaltigen Lohn[75] und unmittelbaren Eingang ins Paradies zu.[76] Das bewegt auch heute Jihadkämpfer zu Selbstmordattentaten. Die meisten muslimischen Theologen nehmen an, dass Muslime, die nicht als Märtyrer im Jihad, sondern eines natürlichen Todes sterben, nicht sofort ins Paradies eingehen können, sondern erst nach einer gewissen Wartezeit.

Islam und Christentum wissen sich zu allen Menschen gesandt und haben eine Vision, die alle Menschen umfasst. Was für Christen der Einsatz fürs Reich Gottes ist, ist für Muslime der Jihad für die Umma. Doch im Wie der Umsetzung sind einige Unterschiede offensichtlich.

Während die Umma ein diesseitiges Reich ist, ist das Reich Gottes ein unsichtbares, geistiges Reich, das im Hier und Jetzt beginnt und sich in der Ewigkeit vollendet.[77] Beim Reich Gottes ist der Hauptwirkende Gott selbst. Der Mensch öffnet sich Gottes Wirken und hilft dadurch dem Wachstum des Reiches Gottes. Das Reich Gottes kann nur in absoluter Freiheit wachsen, die immer und jederzeit völlig respektiert wird.

Im Gegensatz dazu ist das Reich des Islam ein irdisches Reich. Alles, was der Vergrösserung der Umma dient, ist gerechtfertigt, selbst durch Krieg, Lüge und Mord. Innerhalb der Umma gilt die gegenseitige Loyalität und Unterstützung, nicht aber nach aussen.

3.3.2. Das Gesetz: die Scharia

Wie es im Islam keine offizielle Trennung von Religion und Staat gibt, so auch nicht zwischen der Religion und allen anderen Lebensbereichen wie Ehe, Familie, Kindererziehung und Ernährung. Zu diesem Lebenssystem gehört auch der Bereich der Politik. Dabei ist die Religion die tragende Säule des muslimischen Staates. Der Staat

---

[75] Vgl. Sure 3,157; 4,74; 9,111; 22,58

[76] Vgl. Sure 3,195

[77] Das Reich Gottes ist ein unsichtbares Reich, wie Jesus vor Pilatus bezeugte: *«Mein Königtum ist nicht von dieser Welt. Wenn es von dieser Welt wäre, würden meine Leute kämpfen, damit ich den Juden nicht ausgeliefert würde. Aber mein Königtum ist nicht von hier» (Joh 18,36–37).*

wird dadurch selbst zu einer religiösen Einrichtung. Im islamischen Staat herrscht das muslimische Recht, die Scharia.

Die gottgewollte umfassende Lebensform

Das islamische Recht heisst Scharia («Weg zur Tränke» oder «Wasserstelle»). Die Scharia will also zum Leben führen. Sie beinhaltet alle Gesetze und Anordnungen Gottes, wie sie in Koran und Überlieferung niedergelegt und durch die frühen islamischen Theologen und Juristen ausgelegt wurden.[78] Dieses Recht, das in einem bestimmten Kulturkreis entstanden ist, beinhaltet nach unserem westlichen Empfinden mehrere Ungleichheiten; einmal zwischen Mann und Frau, dann zwischen Muslimen und Nichtmuslimen.

Solche Ungleichheiten werden mit der Berufung auf Gott legitimiert. Denn nach muslimischem Verständnis ist Gott die Quelle aller Rechte. Damit auch Menschen Rechte erhalten können, verlangt Gott zuerst die Erfüllung «seines» Rechts: den totalen Gehorsam gegenüber dem, was Gott laut dem Koran und der Sunna (Überlieferung) für den Menschen will. Aus diesen beiden Hauptquellen leitet sich die Scharia, das islamische Gesetz, ab. Weil dieses Recht von Gott kommt, ist es allen anderen Gesetzen, die auf menschliche Initiativen hin erlassen wurden, überlegen.[79]

Im Gegensatz zu vielen Rechten in der westlichen Welt sind der Koran und die Überlieferung (Sunna) nicht auf den Schutz des Einzelnen, sondern auf den Schutz der islamischen Gemeinschaft ausgerichtet. Das Wohl der Gemeinschaft steht über dem Wohl des Einzelnen, was sich in der Verurteilung von Apostaten (Menschen, die vom Islam abgefallen sind) zeigt.

---

[78] Der sunnitische Islam anerkennt heute vier Rechtsschulen, die im Verlauf des 8. Jahrhunderts n. Chr. entstanden sind. Dazu kommt noch eine schiitische Rechtsschule hinzu. Alle Muslime gehören einer dieser Schulen an und befolgen die Vorschriften ihres Glaubens nach den Einzelbestimmungen der betreffenden Rechtsschule. Bei Gericht wird nach den Regeln der entsprechenden Rechtsschule eines Landes geurteilt.

[79] «Wenn also der Koran zum Beispiel die Überlegenheit des Mannes über seine Ehefrau festsetzt, wird dies als Frucht des göttlichen Willens und damit als unstrittige Vorschrift betrachtet. Alles, was dem Westen als Verstoss gegen die Rechte der Frau und die Gleichstellung der Geschlechter erscheint, wird von den Muslimen als natürlich, richtig und gut und als das angesehen, was der Natur und dem Wohl des Mannes und der Frau am meisten entspricht, weil Gott es so bestimmt hat. Auf dieser Grundlage hat sich ein entsprechendes Gesellschaftssystem entwikkelt», Samir S. 69/70.

Umsetzung

Auch wenn heute einige Staaten die Scharia «eingeführt» haben, so ist damit nicht die volle Anwendung des islamischen Rechts aus Koran und Überlieferung verbunden, sondern allenfalls deren teilweise Umsetzung. Denn zu keiner Zeit der islamischen Geschichte ist das islamische Gesetz in vollkommener Weise zur Anwendung gekommen, sondern stets nur teilweise praktiziert worden. Der Idealzustand ist nach muslimischer Auffassung dann erreicht, wenn alle Menschen der Erde der Scharia unterstellt werden, denn dann werden Frieden und Gerechtigkeit verwirklicht sein.

Die Scharia ist im Westen in Verruf geraten, weil sie ausserordentlich grausame Strafen verhängt. Berühmte Beispiele, die auch heute noch in einigen islamisch regierten Ländern durchgeführt werden, sind das Abhacken der rechten Hand bei Diebstahl und die Steinigung einer Ehebrecherin. Fairerweise muss man aber berücksichtigen, dass auch das Alte Testament grausame Strafen kennt. Auch dort sollten Ehebrecher gesteinigt werden.

Islamische Scharia und christliches Gesetz

Im Islam wurde ein religiöses Gesetz zu einem zivilen Gesetz. Das wäre etwa so, als würde für ein ganz katholisches Land ausschliesslich das Kirchenrecht gelten. Auf die Frage, ob man dem Kaiser Steuern zahlen soll, antwortete Jesus: *«Gebt dem Kaiser, was dem Kaiser gehört, und Gott, was Gott gehört! Und sie waren sehr erstaunt über ihn» (Mk 12,17).* Damit hat Jesus klar auf die Trennung von Staat und Religion hingewiesen. Jahrhundertelang haben sich die beiden Sphären im Staatskirchentum überlagert und sich gegenseitig beeinflusst, bis es gelungen ist, sie voneinander zu trennen.

Ein wesentlicher Unterschied zwischen dem christlichen Gesetz und der Scharia ist die Funktion des Gesetzes. Die Scharia ist ein System aus Gesetzen, welches dem Muslim die Sicherheit vermittelt, dass er genau und exakt tut, was Gott will.[80]

---

[80] Die islamische Überlieferung versucht bis ins Detail das Alltagsleben der Muslime in Gesetze zu fassen. Das Gebet ist exakt geregelt, nicht nur im Wortlaut, sondern auch in den Gesten: wann man niederfällt, wann man aufsteht, wann man sich nach rechts oder links dreht - für alles hat das Gesetz Anweisungen. Muslime brauchen diese detaillierten Antworten, weil das Gesetz ihnen Heil bringt. Je genauer man es einhält, desto mehr Heil wird möglich.

Im Islam ist die Scharia selbst die Quelle des Heils. Sie ist der Massstab, nach dem Gott entscheidet, sie ist die Treppe, die ins Paradies führt. Das erklärt auch die Energie, mit der Islamisten für die Scharia kämpfen.

Heil bekommen Christen nicht durch die Gebote, sondern durch den Bund, den Gott mit dem Volk Israel geschlossen hat[81] und der dann im Neuen Testament durch Jesus Christus zum Neuen Bund in Seinem Tod am Kreuz wurde.[82]

Die Gebote sollen nun verhindern, dass Christen sich von Christus trennen. Gebote und Gesetze in der Bibel wollen ein Gerüst sein, das den Glauben stützt. Viele Fragen des Alltags können geklärt werden, indem man auf das Beispiel Jesu schaut und den Massstab der Liebe anlegt: *«Wie ich euch geliebt habe, so sollt auch ihr einander lieben» (Joh 13,34).* Dabei ist die innere Haltung entscheidend.

Zusammenfassend kann man sagen: Ein Christ hält an Jesus Christus fest, ein Muslim an der Scharia.

3.3.3. Die Menschrechte

Als eine der ersten internationalen Erklärungen zu Menschenrechten[83] wurde die Allgemeine Erklärung der Menschenrechte der UNO am 10. Dezember 1948 mit 48 Stimmen, keiner Gegenstimme und 8 Enthaltungen angenommen. Die Religionsfreiheit ist in Artikel 18 der Allgemeinen Erklärung der Menschenrechte festgehal-

---

[81] Als Gott Israel aus Ägypten rettete und dann vor dem Schilfmeer noch einmal Israel vor der Vernichtung rettete, da kannte Israel noch kein Gesetz. Die Rettung geschah, bevor Mose am Sinai das Gesetz Gottes empfing. Das Gesetz kam erst später. Dessen Funktion war es, das Volk Israel bei Gott, bei seinem Bund mit Gott zu halten. Leben, Segen, Heil bekam Israel nicht durch das Gesetz, sondern durch das Bündnis, das Gott mit ihm geschlossen hatte.

[82] Vgl. Lk 22,20: *«Ebenso nahm er nach dem Mahl den Kelch und sagte: Dieser Kelch ist der Neue Bund in meinem Blut, das für euch vergossen wird.»*

[83] Allen einzelnen Menschenrechten übergeordnet ist das Prinzip der Gleichberechtigung. Es lautet in Konventionen und Verfassungen meist: Jeder Mensch hat Anspruch auf die hiermit garantierten Menschenrechte und Freiheiten, ohne irgendeine Unterscheidung, wie etwa nach Rasse, Farbe, Geschlecht, Sprache, Religion, politischer und sonstiger Überzeugung, nationaler oder sozialer Herkunft, nach Eigentum, Geburt oder sonstigen Umständen.

ten und lautet: «Jeder Mensch hat Anspruch auf Gedanken-, Gewissens- und Religionsfreiheit; dieses Recht umfasst die Freiheit, seine Religion oder seine Überzeugung zu wechseln, sowie die Freiheit, seine Religion oder seine Überzeugung allein oder in Gemeinschaft mit anderen in der Öffentlichkeit oder privat durch Lehre, Ausübung, Gottesdienst und Vollziehung eines Ritus zu bekunden.»

Die Menschenrechte sind auf dem Fundament des jüdisch-christlichen Menschenbildes entstanden. Die unantastbare Würde jedes Menschen beruht auf der Schöpfungswirklichkeit des Menschen, der von Gott als Partner und als sein Abbild geschaffen ist: *«Gott schuf also den Menschen als sein Abbild; als Abbild Gottes schuf er ihn. Als Mann und Frau schuf er sie» (Gen 1,27).* Damit verbunden ist die Freiheit des Menschen, selbst Gott gegenüber sich zu verhalten, wie er möchte.

Als Folge dieses Abbild-Gottes-Seins hat der Mensch Anteil an der Weisheit und Güte Gottes. Dies zeigt sich im sogenannten «sittlichen Naturgesetz». Darunter versteht man die Fähigkeit des Menschen, mit seinem Verstand und seinem Gewissen die wesentlichen Verhaltensnormen des richtigen Handelns zu erkennen, da diese mit der Erschaffung dem Menschen ins Herz (ins Gewissen) geschrieben sind. Dieses bereits vorhandene «Gesetz» im Innern des Menschen wird dann durch die Weisungen der Offenbarung (vor allem des Neuen Testamentes und der darauf aufbauenden Lehre der Kirche) vertieft.

Anders ist es im Islam. Dort ist der Mensch zwar auch ein Geschöpf Gottes, doch er ist nicht Partner und auch nicht Abbild Gottes, sondern als Gottes Geschöpf ein Gott unterworfenes Wesen. Auch wird das «sittliche Naturgesetz» nicht als die jeder Religion vorgegebene Schöpfungswirklichkeit angenommen. Und das hat enorme Konsequenzen, wie wir gleich sehen werden

Dem islamischen Gesetz untergeordnet

Im islamischen Staat ist die Religion *das* staatsbildende Prinzip. Der Staat ist Träger einer religiösen Idee und damit selbst eine religiöse Institution. Damit wird auch das Thema «Menschenrechte» in den islamischen Ländern unter völlig anderen Vorzeichen betrachtet als im Christentum.

Der Islam geht davon aus, dass in erster Linie Gott dem Menschen gegenüber Rechte hat, der Mensch jedoch Gott gegenüber Pflichten zu erfüllen hat (wie z. B. das Einhalten der fünf Säulen). Zudem stellen islamische Menschenrechtserklärungen stets den Koran und das islamische Gesetz über alle Menschenrechte. Das gilt trotz der Unterzeichnung der «Allgemeinen Menschenrechtserklärung» der Vereinten Nationen im Jahr 1948 durch alle islamischen Staaten – mit Ausnahme von Saudi-Arabien.

Das zeigt, wie der Islam die Menschenrechte sieht: Die Kairoer Erklärung der Menschenrechte ist eine 1990 beschlossene Erklärung der Mitgliedsstaaten der Organisation der Islamischen Konferenz, welche die Scharia als alleinige Grundlage von «Menschenrechten» definiert. Bei fast jedem Verweis auf die Menschenrechte macht die Kairoer Erklärung die Einschränkung, dass diese Rechte im Einklang mit der Scharia ausgeübt werden müssten. Die Kairoer Erklärung steht somit im Widerspruch zum internationalen Verständnis der Menschenrechte, weil sie die Unumstösslichkeit der Religionsfreiheit nicht anerkennt. Anders als bei der «Allgemeinen Erklärung der Menschenrechte» der Vereinten Nationen ist darin die Menschenwürde nicht als oberstes Prinzip verankert.

Wenn der Koran und das islamische Gesetz das Dach bilden, unter das sich alle Menschenrechte einfügen müssen, dann ergeben sich daraus für Muslime und Nichtmuslime unterschiedliche Menschenrechte. Vom Islam abzufallen bedeutet, Hochverrat am islamischen Staat zu üben und die tragende Säule des Staates, die Religion, zu untergraben. Wer vom Islam abfällt, greift die Grundordnung des Staates an und gefährdet die Sicherheit und die Stabilität der Gesellschaft. Da der Islam das Fundament für die Menschenrechte ist, hat der Muslim Rechte, weil er ein Glied dieser Gemeinschaft ist, und nicht losgelöst von ihr.

Fragwürdige «Religionsfreiheit»

Auf die Frage nach der Religionsfreiheit im muslimischen Land angesprochen, könnte ein Muslim wie folgt antworten: «Natürlich haben wir Religionsfreiheit. Alle Menschen sind frei und können Muslime werden.» «Und können umgekehrt Muslime auch Christen werden?» «Nein – das geht natürlich nicht!» Dieser Dialog zeigt, dass Religionsfreiheit grundsätzlich anders verstanden wird als bei uns.

Am 10. Dezember 1948 hat die UNO die Allgemeine Deklaration der Menschenrechte beschlossen. Die Mitgliedsstaaten der Organisation der Islamischen Konferenz haben am 5. August 1990 in ihrer «Kairoer Erklärung der Menschenrechte» die Scharia den Menschenrechten der UNO übergeordnet.

Obwohl etliche islamische Länder in ihrer Verfassung das Recht auf freie Religionsausübung und Glaubensfreiheit festgeschrieben haben und mit gewissem Stolz auf ihre Toleranz gegenüber Andersgläubigen verweisen, haben Nichtmuslime in der islamischen Welt fast immer mit mehr oder weniger grossen Schwierigkeiten in der freien Ausübung ihrer Religion zu kämpfen; ein Religionswechsel vom Islam zu einer anderen Religion ist rechtlich nirgends möglich.[84]

[84] Eine Ausnahme stellt die Türkei dar, die die Scharia als Grundlage der Verfassung abgeschafft hat. Dennoch ist eine Änderung der Religionszugehörigkeit in den Personaldokumenten von «Muslim» auf «Christ» nicht leicht zu erreichen. So wird bei der Geburt automatisch «Muslim» notiert, wenn es nicht eigens anders gewünscht wird.
Die Situation der Religionsfreiheit ist heute in den islamischen Ländern von Land zu Land sehr unterschiedlich.

Apostasie – Abfall vom Glauben

Der Abfall vom Islam wird «Apostasie»[85] genannt. Darunter verstehen muslimische Theologen die bewusste Abkehr eines als Muslim Geborenen oder später zum Islam Konvertierten vom islamischen Glauben. Apostasie findet nicht nur dort statt, wo das Bekenntnis zum Islam klar geleugnet wird, sondern bereits dann, wenn z. B. ein Koran beschmutzt, verbrannt oder zerrissen wird.[86]

Glaubensabfall ist nichts Privates, sondern wird als Angelegenheit von öffentlichem Interesse behandelt und veranlasst den Staat zum Handeln. Da der Islam die tragende Säule der Gesellschaft und des Staates ist, bedeutet Abfall Verrat an der bestehenden Ordnung. Wer den Islam verlässt, verlässt nicht nur eine Religion, sondern stellt sich auf die Seite der Feinde Gottes.

Meist verliert der Abgefallene noch vor dem Prozess seine Arbeitsstelle und wird häufig auch aus seiner Familie ausgestossen. Vielleicht wird die Familie versuchen, ihn mit Hilfe eines muslimischen Lehrers wieder zum Islam zurückzuführen. Seine Ehe wird automatisch aufgelöst, denn die Ehe mit einem Apostaten ist eine illegale Ehe. Mit seiner Konversion lebt ein männlicher Konvertit (zum Christentum oder zu einer anderen Religion) nach islamischem Recht plötzlich im Ehebruch mit seiner eigenen Frau, denn eine muslimische Frau darf nicht mit einem Nicht-Muslim verheiratet sein.[87] Wenn sie sich nicht sofort von ihm trennt, kann sie wegen Ehebruch angeklagt oder sogar gesteinigt werden. Eine Rückkehr zum islamischen Glauben bedingt somit die Notwendigkeit einer erneuten rechtlichen Eheschliessung. Begibt

---

[85] Dieser Begriff entstand aus der Zeit nach Mohammeds Tod. Viele arabische Stämme, die sich Mohammed unterworfen hatten und zum Zeichen ihrer Bündnistreue erhebliche Tributzahlungen leisteten, weigerten sich, diese nun weiter zu entrichten. Abu Bakr führte dann mehrere Kriege gegen sie, und es gelang ihm, eine ganze Reihe von ihnen erneut zu unterwerfen. Diese Kriege wurden die «Apostatenkriege» genannt. Daraus entwickelte sich in der Folge die Pflicht, jeden zu töten, der sich aus der Umma zurückzieht und seinen Glauben verleugnet. Und dies, obwohl Mohammed selbst niemals verlangt hat, einen Apostaten zu töten und er sogar zu seinen Lebzeiten in zwei Fällen persönlich eingegriffen hat, um seine Leute genau daran zu hindern.

[86] Auch der Glaube an die Reinkarnation bedeutet Abfall vom Glauben, da damit die Auferstehung geleugnet wird.

[87] Ein Muslim hingegen darf z. B. mit einer Christin verheiratet sein. Doch die Kinder aus einer religiös gemischten Ehe werden auf jeden Fall immer Muslime.

sich ein Apostat ins nichtmuslimische Ausland, gilt er in seinem Heimatland als tot und verliert somit das Erbrecht.

Heute besteht in der muslimischen Rechtswissenschaft weitgehend Einigkeit darüber, dass Apostasie, aber auch Gotteslästerung und die Verspottung des Propheten mit dem Tod zu bestrafen sind.[88] Doch in der Praxis wird das eher selten vor Gericht verhandelt. Dort, wo Muslime vom Islam abfallen, weil sie z. B. Christen geworden sind, müssen sie sich eher vor einem Angriff auf ihr Leben durch Mitglieder ihrer Familie oder der Gesellschaft als vor der Verurteilung durch einen Richter fürchten. Denn in der Praxis ist ein Muslim, der einen Apostaten tötet, nicht des Mordes schuldig, auch wenn dieser nicht ausreichend Gelegenheit zur Reue oder kein Gerichtsverfahren erhalten hat.[89]

Unerlaubte Mission

Die Anhänger der «Buchreligionen» (Christen und Juden) müssen zwar nicht zum Islam übertreten, wenn sie im islamischen Gebiet wohnen, aber sie sind Muslimen gegenüber nicht gleichberechtigt.[90] Sie unterstehen dem islamischen Staat, der ihnen die Grenzen ihrer Religionsausübung (was z.B. den Bau von Kirchen[91],

---

[88] Der islamische Dogmatiker Abdul Qader Qudah Shaheed betont daher, dass die Todesstrafe gemäss dem islamischen Gesetz für Apostasie kein Recht, sondern eine Pflicht für jeden Muslim darstellt (vgl. Schirrmacher, Band 1 S. 255).

[89] So berichtet Mark Gabriel, ehemaliger Dozent an der Al-Azhar Universität, die Reaktion seiner Familie auf sein Bekenntnis zu Christus wie folgt: «Eines Tages, ganz ungeplant, platzte ich meinem Vater gegenüber mit der Wahrheit heraus. Sofort zog mein Vater seine Pistole aus dem Schulterhalfter und richtete sie auf mich. Ich rannte die Strasse hinunter, und als ich um die nächste Ecke bog, hörte ich die Kugeln an mir vorbei pfeifen. Er hatte fünfmal auf mich abgedrückt. Wenige Tage später hatte ich mein Zuhause und Ägypten für immer verlassen», Gabriel, S. 252.

[90] Mehr dazu vgl. 7.2. Wie sieht der Islam die Christen? S. 136.

[91] Es gibt ein Rechtsgutachten Nr. 5106 von Scheich Saleh bin Fauzan bin Abdullah al-Fauz zu der Frage, ob islamische Machthaber den Bau von Kirchen ermöglichen dürfen: «Dies ist [aus islamischer Sicht] nicht erlaubt. Muslime dürfen Christen weder den Bau von Kirchen noch die Renovierung dieser Kirchen ermöglichen, falls sie baufällig geworden sind. Falls jedoch Muslime ein Land einnehmen, in dem sich bereits Kirchen befinden, müssen sie diese [Kirchen stehen] lassen, bis sie baufällig werden und verschwunden sind. Sie dürfen nicht erneut aufgebaut werden. Muslime dürfen nicht den Ungläubigen den Bau von neuen Kirchen im Lande des Islam erlauben, insbesondere auf der Arabischen Halbinsel. Allahs Prophet sagte: 'Es dürfen auf der Arabischen Halbinsel nicht zwei Religionen zusammen existieren'. Kirchen dürfen auf der Arabischen Halbinsel nicht neben Moscheen errichtet werden. Dies heißt jedoch nicht, daß ein Ungläubiger die Arabische Halbinsel

Kleidervorschriften,... betrifft) vorschreibt. Werbung für ihre Religion ist ihnen verboten, und christliche Mission ist für Muslime automatisch eine Beleidigung und Herabsetzung des Islam und des Propheten Mohammeds.

In den islamischen Ländern muss der jüdische, beziehungsweise christliche Glaube als geduldete Religion in aller Stille gelebt werden. Dem muslimischen Bürger darf keine Glaubensabwerbung zugemutet werden, denn so sagt der Koran: «Der Versuch (Gläubige zum Abfall vom Islam) zu verführen ist schlimmer als Töten.» (Sure 2,191) Das zeigt, dass der nichtmuslimische Glaube nicht wirklich als Religion anerkannt, sondern nur hingenommen und gleichzeitig beaufsichtigt wird. Umgekehrt sind die Christen in muslimischen Gebieten oft einer beständigen Werbung für den Islam ausgesetzt, wozu auch Geld als «Werbemittel» eingesetzt werden kann.

Der islamischen Logik folgend, nach der die Ausbreitung des Islam allen anderen Rechten des Menschen übergeordnet ist und die weltumspannende Umma das grosse Ziel ist, kann es keine echte Religionsfreiheit geben. In diesem Zusammenhang wird zwar oft auf Sure 2,256 verwiesen: «In der Religion gibt es keinen Zwang (d. h. man kann niemand zum (rechten) Glauben zwingen).» Doch wird dieser Vers nicht als Beleg für die fundamentale Religionsfreiheit jedes Menschen verstanden, sondern vor allem als Möglichkeit der freien (einseitigen) Annahme des Islam.

Das zeigt sich auch darin, dass bei uns im Westen Moscheen gebaut werden und der Islam wie die anderen Religionen praktiziert werden darf. So gibt es in Rom, dem Zentrum der katholischen Kirche, eine Moschee. Umgekehrt ist eine Kirche in Mekka oder Medina undenkbar. Nichtmuslimen ist selbst das Betreten dieser Städte strengstens verboten.

---

nicht betreten darf, wenn er dies als Gastarbeiter oder Geschäftsmann tut. Ein Ungläubiger darf die Arabische Halbinsel betreten, wenn er sich dort nur vorübergehend aufhält. D. h., er darf dort keine unbefristete Aufenthaltserlaubnis bekommen. Ebenfalls darf er kein Eigentum [keine Eigentumswohnung] besitzen.» (Zitiert nach: «Internationaler Arbeitskreis für Verantwortung in der Gesellschaft» (IAVG) 20.11.2009.

Religionsfreiheit betonen

Heute ist es notwendig und dringend, immer wieder auf den Punkt der Religionsfreiheit hinzuweisen, wie es Papst Benedikt XVI. in seiner Botschaft zum Weltfriedenstag 2011 sehr eindrücklich getan hat. Denn nur so kann sich nach und nach etwas verändern: *Es ist schmerzlich festzustellen, daß es in einigen Regionen der Welt nicht möglich ist, den eigenen Glauben frei zu bekennen und zum Ausdruck zu bringen, ohne das Leben und die persönliche Freiheit aufs Spiel zu setzen. In anderen Gebieten existieren lautlosere und raffiniertere Formen von Vorurteil und Widerstand gegen die Gläubigen und gegen religiöse Symbole.*

Die Christen sind gegenwärtig die Religionsgruppe, welche die meisten Verfolgungen aufgrund ihres Glaubens erleidet. Viele erfahren tagtäglich Beleidigungen und leben oft in Angst wegen ihrer Suche nach der Wahrheit, wegen ihres Glaubens an Jesus Christus und wegen ihres offenen Aufrufs zur Anerkennung der Religionsfreiheit. Das kann man alles nicht dulden, weil es eine Beleidigung Gottes und der Menschenwürde ist; es stellt außerdem eine Bedrohung für die Sicherheit und den Frieden dar und verhindert eine echte ganzheitliche Entwicklung des Menschen. …

… Fanatismus, Fundamentalismus und Handlungen, die gegen die Menschenrechte verstoßen, können niemals gerechtfertigt werden, am wenigsten, wenn sie im Namen der Religion geschehen. Das Bekenntnis einer Religion darf nicht instrumentalisiert noch mit Gewalt aufgezwungen werden. Die Staaten und die verschiedenen menschlichen Gemeinschaften dürfen also niemals vergessen, daß die Religionsfreiheit die Voraussetzung für die Suche nach der Wahrheit ist und daß sich die Wahrheit nicht mit Gewalt durchsetzt, sondern «kraft der Wahrheit selbst»…

Ich fordere daher die Menschen guten Willens auf, den Einsatz für den Aufbau einer Welt zu erneuern, in der alle frei sind, ihre Religion oder ihren Glauben zu bekennen und ihre Liebe zu Gott mit ganzem Herzen, mit ganzer Seele und mit allen Gedanken zu leben (vgl. Mt 22,37).[92]

---

[92] Diese Botschaft, die bereits im Dezember 2010 verfasst wurde, gewann an Aktualität durch das Massaker an koptischen Christen mit 21 Toten und über 80 Verwundeten in der Silvesternacht. Die 57 Staaten der Organisation der Islamischen Konferenz (OIC) haben zwar den Bombenanschlag auf die koptische Kirche im ägyptischen Alexandria scharf verurteilt. Als aber Papst Benedikt XVI. nach dem

Vergleich: Das Reich Gottes im Islam und im Christentum

Muslime und Christen haben ein grundlegend unterschiedliches Verständnis von «Reich Gottes».

– im Christentum

Christlich bedeutet «Reich Gottes»: Gott «regiert». Gott will mit Seiner Liebe in den Menschen «regieren» und die Herzen der Menschen und all ihre Beziehungen mit Seiner Liebe erfüllen. Dieses Reich Gottes – und darauf weist Jesus in vielen Gleichnissen hin – beginnt ganz unscheinbar im Innern des Menschen und will sichtbar werden im Leben der Menschen, ja in sämtlichen Strukturen des menschlichen Zusammenlebens. Auch wenn das Reich Gottes im Herzen beginnt, zielt es doch auf die Erneuerung und Veränderung der ganzen Gesellschaft hin. Es will von «innen» nach «aussen» wachsen. Jesus hat die Menschen aufgerufen, sich Gottes Regierung in ihren Herzen, dem Reich Gottes zu öffnen. Heute wird Sein Ruf durch die Verkündigung und durch Taten der Liebe weitergegeben. Es ist immer ein Anruf an die Freiheit des Menschen.

Jesus hat in vielen Zeichen und Wundern die Gegenwart des Reiches Gottes geoffenbart. Das Reich Gottes ist ein unsichtbares Reich, wie Jesus vor Pilatus bezeugte: *«Mein Königtum ist nicht von dieser Welt. Wenn es von dieser Welt wäre, würden meine Leute kämpfen, damit ich den Juden nicht ausgeliefert würde. Aber mein Königtum ist nicht von hier» (Joh 18,36–37).*

Diese gegenwärtige Erfahrung des Reiches Gottes zielt auf eine zukünftige, endzeitlich kosmische Vollendung. Mit anderen Worten: Was Gott in Jesus angefangen hat, das wird Er auch vollenden. Die Vollendung des Reiches Gottes wird durch die Wiederkunft Jesu Christi in Herrlichkeit in Erfüllung gehen.

Anschlag von Alexandrien am 31. Dezember 2010 den Schutz der koptischen Christen gefordert hatte, beschloss daraufhin der Forschungsrat der islamischen Universität al-Azhar, den Dialog mit dem Vatikan auszusetzen. Ein Mitglied des Rates der wichtigsten Lehrautorität im sunnitischen Islam, Abdel Muti al-Bayoumi, erklärte gegenüber der Nachrichtenagentur AKI-ADNKRONOS INTERNATIONAL: «Diese Entscheidung wurde als Antwort auf die von Papst Benedikt XVI. eingenommenen Positionen gegenüber dem Islam getroffen.» Der Sprecher der Universität al-Azhar fügte dann hinzu, dass die Entscheidung auch durch die jüngste unzulässige Einmischung des Papstes (die erwähnte Forderung des Papstes nach mehr Schutz für die koptischen Christen) in innerägyptische Angelegenheiten beeinflusst worden sei.

– im Islam

Allah herrscht souverän über allem. Im Koran und der Scharia hat er seinen Willen geoffenbart. Damit hat der Mensch alles, was er braucht. Nun ist der Mensch durch die Einhaltung des Gesetzes in der Lage, im Reich Allahs zu leben.

Aber ein grosser Teil der Menschheit hat sich diesem Willen Allahs noch nicht unterworfen. Es ist nun die Aufgabe der Muslime, das Gesetz Allahs – die Scharia –, wo immer möglich einzuführen und die Einhaltung durchzusetzen. Das kann durch friedliche Art, durch werbende Verkündigung, aber auch durch wirtschaftliche oder militärische Macht geschehen. Dann herrscht Allah.

Jesus offenbart sich Muslimen – Erfahrungen von «Walter Kuster»[93]

Walter Kuster war sieben Jahre in einem muslimischen Land in Zentralasien als Entwicklungsfachmann tätig. Dort hat er überraschende Erfahrungen mit einheimischen Muslimen gemacht.

Wie sah Ihre Aufgabe aus?

Ich war mit der Aufgabe betraut, verschiedene Projekte im Landwirtschaftsbereich zu koordinieren. So arbeitete ich mit verschiedenen Ministerien, Hilfswerken und einfachen Menschen zusammen.

Wie sind Sie mit Muslimen ins Gespräch gekommen?

Das war sehr unterschiedlich. Oftmals ergab sich ein Gespräch während oder nach der Arbeit. Oft war es auch meine Neugierde, weil ich wissen wollte, warum und wie welche Feste gefeiert werden. Darauf gaben alle sehr bereitwillig Auskunft. Meist blieb es dann nicht bei meinen Fragen. Mein Interesse führte dazu, dass meine Gesprächspartner nun seinerseits wissen wollten, welche Feste wir Christen feiern, wie solche Feiern vor sich gehen und ob es auch Ähnlichkeiten zu ihren Festen gab. Wenn dann das gegenseitige Vertrauen gewachsen war, kam es oft zu sehr persönlichen Gesprächen über Gott, Jesus und die Welt.

Muss man in einem muslimischen Land nicht vorsichtig sein?

Man ist immer etwas vorsichtig, denn man weiss nie ganz genau,

[93] Name geändert.

weshalb eine Person gewisse Fragen stellt. So begegnete ich jeder Person mit Respekt und Vorsicht. Dabei machte ich jedoch aus meinem persönlichen Glauben nie ein Geheimnis. Ich beantwortete die mir gestellten Fragen, so gut ich konnte und wie ich es in der jeweiligen Situation für richtig hielt. Mit der Zeit bekam ich eine Art «Bauchgefühl». Ich merkte intuitiv immer schneller, ob der Fragesteller ehrliche Absichten hatte oder ob verborgene Beweggründe im Spiele waren. Je nachdem wie mein Gefühl war, nahm ich mir die Freiheit mehr oder weniger zu erzählen.

Es gab auch Personen, die sich langsam vortasteten. Sie begannen vorsichtig ein paar allgemeine Fragen zu stellen und je nach Antwort von mir, öffneten sie ihre Herzen und stellten die Fragen, die ihnen im Herzen brannten. Menschen, die am christlichen Glauben interessiert waren, sagten mir oft, dass sie sehr gerne Jesus nachfolgen würden, dies hier aber nicht könnten. Das konnte ich nachvollziehen, weil in islamischen Ländern normalerweise ein Wechsel vom Islam zu einem anderen Glauben mit dem Tod bestraft wird. Darum forderte ich nie jemanden zu diesem Schritt auf.

Bekehrten sich auch Muslime zu Christus?

Es kamen etliche Muslime, die mir erzählten, dass Jesus ihnen – meist im Traum – erschienen sei und sie aufforderte, Ihm nachzufolgen. Diese Personen waren geistlich hungrig und wollten mehr von Jesus wissen und Ihn besser kennenlernen. Sie suchten nach Hilfen, um als Christen leben zu können. Interessanterweise waren dies Menschen aus allen Gesellschaftsschichten.

Welche Folgen hatte dies für die Betroffenen?

Anfänglich war bei diesen Menschen eine grosse Begeisterung spürbar. Endlich hatten sie das gefunden, wonach sie bis jetzt gesucht hatten. Sie erlebten einen Frieden und eine Liebe, die sie bis jetzt nicht kannten. Sie trafen sich in Gruppen, um gemeinsam zu beten, auszutauschen und in der Bibel zu lesen. In dieser ersten Zeit erzählten sie ihren Freunden und in ihren Familien offen ihre Erfahrungen mit Jesus.

Später bekamen die meisten Probleme. Denn es gab nur sehr wenige Menschen in ihrem persönlichen Umfeld, die ihre Freude teilen wollten. Meist war die Reaktion Hass, Androhung von Gewalt oder auch Ausschluss aus der Familie. In einem Gebiet wurden etliche ins Gefängnis geworfen. Ihre Anführer kamen erst nach ein paar Wochen wieder frei, und das nur, weil ein lokaler Politiker sich für sie einsetzte. Dort kam es schliesslich zu einer Versöhnung, welche den gesellschaftlichen Frieden sicherte.

Für die Konvertiten jedoch veränderte sich ihre Situation sehr, weil sie nun bekannt waren. Vielen wurde ihre Arbeit gekündigt, andere mussten in die Stadt ziehen. Der grösste Teil zog es vor, sich dem Druck zu beugen, in den Untergrund abzutauchen oder den Glauben an Jesus wieder aufzugeben. Besonders tragisch war folgender Fall: Ein ehemaliger leitender Mitarbeiter von mir machte sehr grosse Schritte im Glauben. Anfänglich zog seine Frau mit, doch unter dem Einfluss ihrer Verwandtschaft, die sich gegen ihren Ehemann stellte, ging sie schliesslich zur Polizei und zeigte ihren Ehemann an, sodass dieser flüchten musste.

Dies ist eines von vielen Beispielen, die mich sehr beeindruckten. Ich sah, wie ehemalige Muslime bereit waren, für ihren Glauben an Jesus zu leiden und auch zu sterben.

Was lösten solche Erfahrungen bei Ihnen aus?

Ich fand es ermutigend und zugleich tragisch zu sehen, dass Christen so massiv unter Druck kamen. Ermutigend, weil die Menschen bei den Konvertiten eine positive Veränderung feststellten. Sie fragten sie z. B.: «Du hast dich verändert, du lügst nicht mehr, du stiehlst nicht mehr, du braust nicht mehr so auf und bist nicht mehr zornig. Du siehst glücklich aus! Du bist doch nicht etwa Christ geworden?»

Tragisch ist das Ganze, weil Menschen für eine positive Veränderung Probleme bekommen, und weil der sogenannte Westen sich über Korruption beklagt, aber nicht versteht, dass eine Herzensveränderung nötig wäre, um dieses Problem zu lösen.

4. Theologische Unterschiede

Nun wollen wir uns mit dem Islam als Religion beschäftigen und dies unter dem Gesichtspunkt: Was verbindet und was trennt Christen und Muslime? Dabei werden wir einige wesentliche theologische Aspekte betrachten.

Wir beginnen mit der Frage nach der Bedeutung Abrahams. Dann betrachten wir das Gottesbild. Damit verbunden ist für Christen unweigerlich die Person Jesu Christi. Zu Jesus Christus gehört zentral die Frage der Sünde und damit der Weg, wie Sünde überwunden werden kann. Dazu zählt wesentlich die Pflege der Beziehung zu Gott: das Gebet. Schliesslich betrachten wir die Frage nach den letzten Dingen: Gericht und Ewigkeit. Und dann ist – zumindest für katholische Gläubige – auch die Frage nach Maria interessant, nicht zuletzt deswegen, weil Maria auch für Muslime eine wichtige Person ist.

4.1. Abraham: Gemeinsamer Vater der Juden, Christen und Muslime?

Islam, Judentum und Christentum sehen in Abraham so etwas wie ihren Stammvater. Das geht zurück auf die Verheissung, die Abraham erhalten hat: *«Ich werde dich zu einem großen Volk machen, dich segnen und deinen Namen groß machen. Ein Segen sollst du sein. (...) Durch dich sollen alle Geschlechter der Erde Segen erlangen» (Gen 12,2–3).* Doch lange Jahre erhielt Abraham keinen Sohn.

Schliesslich gab seine Frau Sara ihm den Rat: *«Der Herr hat mir Kinder versagt. Geh zu meiner Magd! Vielleicht komme ich durch sie zu einem Sohn.» (Gen 16,2)* Und: *«Sarai, Abrams Frau, nahm also die Ägypterin Hagar, ihre Magd, – zehn Jahre, nachdem sich Abram in Kanaan niedergelassen hatte – und gab sie ihrem Mann Abram zur Frau» (Gen 16,3).* Hagar wurde schwanger und gebar Ismael. Die Muslime verstehen sich als Nachkommen Ismaels.

Gemäss der Bibel hat Abraham später von seiner eigenen Frau Sara Isaak erhalten: *«Sara wurde schwanger und gebar dem Abraham noch in seinem Alter einen Sohn zu der Zeit, die Gott angegeben hatte. Abraham nannte den Sohn, den ihm Sara gebar, Isaak.» (Gen*

21, 2–3). Er ist der eigentliche Sohn der Verheissung, von dessen Sohn Jakob (Israel) das Volk Israel entstehen wird. Um ihn, Isaak und nicht um Ismael, handelt es sich gemäss Gen 22 auch beim Opfer Abrahams.

Islamische Sicht

Im Islam wird Abraham (im Koran Ibrahim genannt) als erster Moslem bezeichnet (Sure 3, 65–68). Allah stellt den Glauben Ibrahims auf die Probe, indem er ihn auffordert, seinen ihm von der Sklavin Hagar geborenen Sohn Ismael zu opfern. Ibrahim baut dann mit Hilfe Ismaels das Heiligtum der Kaaba zu Mekka.[94]

Entscheidend für den Koran ist die Abwendung Abrahams von den Götzen hin zu dem einen Gott.[95] Insofern gilt Abraham als der erste Muslim. Dabei stützt sich der Koran weniger auf das Alte Testament als vielmehr auf jüdische Literatur. Der Islam versteht sich deshalb als die älteste Religion. Aus diesem Grund legt der Koran Ibrahim eine Zurückweisung der Ansprüche von Juden und Christen, die wahre Religion zu sein, in den Mund, wie auch ein Gebet zu Allah, in welchem Ibrahim das Kommen Mohammeds als dem einzigen Propheten erfleht (Sure 2, 127–129).

Christliche Sicht

Abraham hat in einer kritischen Situation Gott geglaubt und ihm vertraut. Als Folge davon schloss Gott mit ihm einen Bund *(vgl. Gen 15,18).* Diesem Bund folgend geht die Linie des Segens Gottes (gemäss Paulus) in den wahren Kindern Abrahams weiter, die sich dadurch auszeichnen, dass sie wie Abraham glauben.

Der Nachkomme (Same) Abrahams schlechthin, ist Jesus Christus, durch den alle Völker gesegnet werden sollen (*vgl. Gal 3,16*). Für das Christentum ist Jesus Christus der Abrahamssohn

[94] Die Kaaba in Mekka war bereits ein vorislamisches Wallfahrtsheiligtum gewesen, bei dem verschiedene Götter verehrt wurden. Sie wurde dann von Mohammed zum Zentralheiligtum des Islam erklärt, indem er verkündigte, Adam habe die Grundsteine der Kaaba gelegt, Abraham habe sie errichtet und sei als ihr eigentlicher Begründer zu betrachten.

[95] In Gen 12 wird von Abraham die Loslösung von seinem Land, von seiner Verwandtschaft und von seiner Familie verlangt. Die Trennung von Götzen wird hier nicht ausdrücklich erwähnt, jedoch in Jos 24,2: *«In alter Zeit wohnten eure Vorfahren jenseits des Stromes, Terach, der Vater Abrahams und Nachors, und verehrten andere Götter».*

schlechthin, weil es in ihm die Verheissung Gottes verwirklicht sieht.

Im Verhältnis zum Islam gilt die Zusage Gottes an Ismael, dass auch dessen Kinder am Segen Abrahams teilhaben sollen: *«Ich will ihn zu einem grossen Volk machen» (Gen 16,10).*

Während der Islam behauptet, die Religion Abrahams wiederhergestellt zu haben, ist für das Christentum Abraham von grosser Bedeutung wegen der Verheissung, die er empfangen hat. Er gilt als der Vater des Glaubens. Aufgrund dieser unterschiedlichen Auffassung kann man nur bedingt von Juden-, Christentum und Islam als den drei abrahamitischen Religionen sprechen, wie man es heute gerne tut.[96]

Bemerkenswert ist in diesem Zusammenhang die Tatsache, dass das Zweite Vatikanische Konzil nicht sagt, dass der Islam auf Abraham zurückgeht, sondern lediglich, dass sich der islamische Glaube gern auf ihn beruft und dass die Muslime sich bemühen, sich so wie er dem Willen Gottes zu unterwerfen.[97]

4.2. Das Gottesbild

Auf den ersten Blick kann es den Anschein machen, als würden Muslime und Christen im Wesentlichen an den gleichen Gott glauben.[98] Doch beim näheren Hinschauen stellt man erhebliche Unterschiede fest.

---

[96] Denn damit würde man gemäss Gstrein weder dem Islam noch der jüdisch-christlichen Offenbarung gerecht: «Eine angebliche Gemeinsamkeit oder gar Einheit der drei Religionen Judentum, Christentum und Islam, die sich auf Abraham/Ibrahim gründen liesse, gibt es daher nicht. ... Durch das islamische Ibrahim-Verständnis werden vielmehr die wirklichen grossen Unterschiede erst recht deutlich.» Gstrein, S. 4.

[97] *«Sie mühen sich, auch seinen verborgenen Ratschlüssen sich mit ganzer Seele zu unterwerfen, so wie Abraham sich Gott unterworfen hat, auf den der islamische Glaube sich gerne beruft ...» (Nostra aetate Nr. 3).*

[98] «Allah» ist das arabische Wort für «Gott». Dieses Wort wird auch von arabisch sprechenden Juden und Christen zur Bezeichnung für Gott gebraucht und deshalb in den arabischen Bibelübersetzungen verwendet. In westlichen Ländern jedoch wird das Wort «Allah» fast ausschliesslich als Bezeichnung für Gott in der Gottesvorstellung des Islam verstanden.

Im Januar 2010 kam es in Malaysia zu mehreren Anschlägen auf christliche Kirchen, weil die christlichen Ureinwohner Malaysias das Wort «Allah» verwendeten. In der

Muslimische Sichtweise

Wesentlich für den Islam ist die Einzigkeit Gottes: Allah ist ein einziger Gott. Doch zur Einzigartigkeit Allahs gehört neben seiner absoluten Souveränität seine für den Menschen unerreichbare Verschiedenheit. Allah darf in keiner Art und Weise vermenschlicht und mit menschlichen Attributen versehen werden.

Gott ist der Schöpfer der Welt und damit der Menschen. Zugleich aber ist er von der Schöpfung vollkommen getrennt. Der Mensch ist nicht Gottes Ebenbild, denn es gibt keine Verbindung und keinen Vergleich zwischen dem Schöpfer und seinen Geschöpfen. Allah handelt auch nach seinem absoluten, unumschränkten Willen, der sich einerseits in den Gesetzen offenbart und zugleich den Menschen verborgen bleibt.

Für den Islam ist Allah ein Einziger, der im unzugänglichen Licht wohnt. Doch er enthüllt das Geheimnis seines Lebens nicht. Allah tritt auch durch die Offenbarung nicht aus seiner Unzugänglichkeit heraus. Er bleibt unendlich transzendent, ausserhalb dieser Welt, ja sogar ausserhalb seiner Schöpfung.

– **Unterwerfung als Antwort**

Alles, was ist, ist von ihm erschaffen und seinem Willen unterworfen. Das Verhältnis zwischen Allah und Mensch als Schöpfer und Geschöpf ist das Verhältnis von Herr und Sklave. Auch die Propheten, etwa Ibrahim (Abraham) und selbst Mohammed, werden in diesem Verhältnis gesehen. Dem Menschen gebührt deshalb «Islam», was so viel bedeutet wie «Hingabe – Unterwerfung».

Jede Sure des Korans fängt mit den Worten an: «Im Namen Allahs, des Erbarmers, des Barmherzigen…». Auch wird Allah als Beschützer und Helfer bezeichnet (Sure 4,45) und sogar als Freund der Gläubigen (Sure 3,68). Das erweckt den Eindruck, Allah sei ein durchaus freundlicher und menschenzugewandter Gott. Doch unser Verständnis von Barmherzigkeit entspricht nicht (in allem)

Sprache der Malayen bedeutet «Allah» ebenfalls Gott. Die Neue Zürcher Zeitung schreibt dazu: «Viele Muslime sind jedoch der Meinung, dass Nichtmuslime das Wort «Allah» nicht in den Mund nehmen dürfen. ... Erzürnte Muslime trugen Transparente mit Aufschriften wie «Allah gehört den Muslimen» oder «Fordert den Islam nicht heraus». ... Im vergangenen Jahr haben die Behörden mindestens 15'000 auf Bahasa (Sprache der Ureinwohner von Malaysia) übersetzte Bibeln beschlagnahmt, weil im Text die Rede von «Allah» war» (9. Januar 2010).

Im Koran finden sich 99 Namen für Gott. Doch Gott wird nie als Vater bezeichnet, dessen Herz für seine Kinder schlägt und denen er in allen Situationen seinen Segen schenken will. .

der muslimischen Sichtweise. So besteht die Barmherzigkeit Allahs gegenüber den Menschen vor allem darin, ihnen die Möglichkeit des Gehorsams zu eröffnen, indem er ihnen im Koran seinen heiligen Willen kundtut.

Allah in seiner Barmherzigkeit kann sich zu den Menschen herabbeugen und ihnen Barmherzigkeit erweisen, wenn er dies will. Er kann seine Barmherzigkeit aber auch verweigern. Zwar ist der Koran voll von Aussagen über die Barmherzigkeit Allahs, und hin und wieder liest man auch das Wort «Liebe», aber im Grunde genommen können Muslime bei ihrem Gott nicht die Eigenschaft der Liebe entdecken. Für Muslime ist undenkbar, dass Allah mütterliche und väterliche Gefühle und somit eine Art «familiäre» Beziehung zu den Menschen hätte.[99]

[99] Dazu kommt noch, dass Vaterschaft Gottes einen Sohn implizieren würde, was unvereinbar ist mit dem Verständnis der islamischen Einzigkeit Gottes.

– Nicht Gott, sondern das Gesetz ist das Gegenüber
Dem Gläubigen steht nicht Allah als Ansprechpartner gegenüber, sondern das Gesetz des Korans und der Sunna (der Hadithen, Überlieferung). Mit dem Gesetz muss er sich arrangieren, will er die Chance erhöhen, Allahs Barmherzigkeit zu erfahren. Eine Beziehung zu Allah, die «bereinigt» oder «versöhnt» werden müsste, kennt der Muslim nicht. Er muss seine Beziehung zum Gesetz bereinigen. Das heisst, er muss tun, was das Gesetz sagt oder wiedergutmachen, wenn er das Gesetz gebrochen hat.

Der Gedanke, dass sich der allmächtige, ewige Gott mit uns sterblichen und sündigen Menschen auf eine Stufe herab begibt und eine persönliche Beziehung eingeht, ist im Islam undenkbar (vgl. Sure 5,18; 19,88–93). Allah gibt sich auch nicht mit Menschen ab. Wenn er spricht, dann, um seine Befehle zu erteilen. Ob der Mensch sich danach richtet, ist dabei letztlich egal, beziehungsweise es ist das Problem des Menschen selbst. Auch weiss man bei Allah nie genau, woran man ist. Allah bleibt ein zwiespältiger Gott, bei dem es keine Gewissheit gibt. «So führt Gott irre, wen er will und leitet recht, wen er will» (Sure 74, 31).[100]

Christliche Sichtweise

Das Gottesbild der Christen ist grundsätzlich anders. Der Unterschied besteht im Wesen Gottes selbst. Dazu zwei Aspekte:

Gott ist kein zwiespältiger Gott, sondern: *«Gott ist die Liebe» (Joh 4,8b; 16b).* Diese Wahrheit ist das Fundament des ganzen christlichen Glaubens. Gott, Ursprung und Zentrum vom allem, das existiert, ist Liebe. Liebe ist Beziehung. So ist das Wesen Gottes Beziehung. Gott ist dreifaltig, weil er in sich selbst Liebe, Beziehung und liebende Gemeinschaft ist: Der Vater liebt den Sohn, der Sohn liebt den Vater – und dieses gewaltige und unvorstellbare Liebesband zwischen Vater und Sohn ist selbst Göttliche Person: der Heilige Geist.

Der Dreifaltige Gott ist in sich selbst eine Liebesgemeinschaft, lebendiger Austausch, Freude, Schönheit, Herrlichkeit, unvorstellbares Glück. Gott ist in sich ein unendlicher Strom der Liebe: Vom Vater zum Sohn und vom Sohn zum Vater, und dies im Heiligen

---

[100] Ähnlich Sure 74, 54–56.

Geist. Seit Ewigkeit feiert Gott das Fest der immer neuen gegenseitigen Freude.[101]

Das Neue der Botschaft Jesu ist die Verkündigung des himmlischen Vaters, den Er «Abba» nennt, den herzensguten Vater, der das Leben all seiner Geschöpfe will. Dies gibt uns die Gewissheit, dass Gott uns immer in Liebe begegnet.

Muslimen und Christen gemeinsam ist der Glaube an den EINEN Gott. Dieser Gott ist Person und Schöpfer. Um der vielen guten Schöpfungstaten willen muss Gott gepriesen werden.

Unterscheidend ist, dass für das Christentum dieser EINE Gott dreifaltig ist. Während der wichtigste Lehrsatz des Islam lautet: Es gibt nur einen einzigen Gott, und nichts ist mit ihm vergleichbar oder ihm ähnlich – so ist für das Christentum dieser eine Gott dreifaltig.[102] Dies hängt mit der Aussage zusammen, dass Gott «die Liebe» ist. Ebenso wesentlich ist für das Christentum, dass Gott nicht zwiespältig[103] ist, sondern hundertprozentig Liebe!

Das zeigt: Islam und Christentum haben ein wesentlich unterschiedliches theologisches Verständnis von Gott.

Wer als Christ seinen Glauben erklärt und den christlichen Gott mit Allah vergleicht, der muss erklären, dass es beim christlichen Gott nicht um einen distanzierten Gott geht, der akribisch Leistung und Sünde gegeneinander aufrechnet, um ihm dann eventuell gnädig zu sein, sondern um einen Gott, der um die Menschen kämpft, der darunter leidet, dass Menschen verloren gehen, und der ein Fest feiert, wenn ein Mensch zu ihm zurückkehrt.

---

[101] «Gott ist in sich unendlich vollkommen und glücklich. In einem aus reiner Güte gefaßten Ratschluß hat er den Menschen aus freiem Willen erschaffen, damit dieser an seinem glückseligen Leben teilhabe. Deswegen ist er dem Menschen jederzeit und überall nahe. Er ruft ihn und hilft ihm, ihn zu suchen, ihn zu erkennen und ihn mit all seinen Kräften zu lieben. Er ruft alle durch die Sünde voneinander getrennten Menschen in die Einheit seiner Familie, die Kirche. Er tut es durch seinen Sohn, den er als Erlöser und Retter gesandt hat, als die Zeit erfüllt war. In ihm und durch ihn beruft er die Menschen, im Heiligen Geist seine Kinder zu werden und so sein glückseliges Leben zu erben» (KKK 1).

[102] Mehrere Götter zu verehren – wie Christen es aus muslimischer Sicht tun – ist nach dem Koran die schlimmste aller Sünden, die nicht vergeben werden kann.

[103] Vgl. dazu Sure 6,125 wo es heisst: «Und wenn Gott einen rechtleiten will, weitet er ihm die Brust für den Islam. Wenn er aber einen irreführen will, macht er ihm die Brust eng und bedrückt...»

4.3. Die Person Jesus Christus

Die Bedeutung der Person Jesu Christi als der menschgewordene Sohn Gottes und als Erlöser der Menschheit ist zentral für das Christentum. Überraschend ist im Koran relativ oft von Jesus Christus die Rede, und zwar ausschliesslich positiv. In 15 Suren und über 90 Versen wird Jesus im Koran erwähnt. Dort werden die Muslime von Allah aufgefordert, an alle seine Propheten zu glauben, also auch an Jesus. Das führt zur Frage: Welche Aussagen werden über Jesus Christus gemacht, und worin unterscheiden sie sich vom christlichen Glaubensverständnis?

Muslimische Sichtweise

Jesus wird im Koran Isa genannt. Das ist eine Verfremdung des hebräischen Namens Jesus (hebr. «Gott rettet»), der ein Programm darstellt. Muslime glauben an die wunderbare Jungfrauengeburt Jesu aus Maria. Jesus wird im Koran als «Sohn Marias» bezeichnet. Er ist nicht der biblische Sohn Gottes. Jesus darf niemals «Gott», «Sohn Gottes» oder «Herr» genannt werden.

Im Koran heisst es von Allah: «Wie soll er zu Kindern kommen, wo er doch keine Gefährtin hatte…»? (Sure 6,101) Das zeigt, dass die christliche Bezeichnung «Sohn Gottes» so verstanden wird, als hätte Gott physisch ein Kind, einen Sohn, gezeugt. Dreimal wird im Koran die Gottessohnschaft Jesu ausdrücklich geleugnet. Dabei wird – und darin zeigt sich die Hochachtung Jesus gegenüber – ausdrücklich gesagt, dass nicht Jesus von sich behauptet habe, Sohn Gottes zu sein, sondern die Christen dies über ihn behaupten würden.

Nach islamischem Glauben ist Jesus – wie andere menschliche Boten Allahs – ein geschaffener, sterblicher Mann. Jesus war nur ein Mensch. Zugleich aber einer der wichtigsten Propheten der Geschichte. Der Koran spricht mit Hochachtung von Jesus: Jesus ist ohne Sünde, vollbringt Wunder, wird Messias und als Einziger «Wort Gottes», «Geist von Gott» genannt, der das Kommen Mohammeds angekündigt haben soll. Mohammed ist demnach grösser als Jesus. Er ist der grösste und letzte Prophet der Geschichte, das Siegel der Propheten. Wer seine Sendung nicht anerkennt, kann nicht ins Paradies eingehen.

Doch Jesus ist nicht gestorben (also auch nicht gekreuzigt worden), sondern wurde von Gott mit Geist oder Körper «emporgehoben» (was interessanterweise von Mohammed nicht geglaubt wird). Der Koran sagt allerdings auch von Jesus, dass Allah ihn eines natürlichen Todes habe sterben lassen (Sure 3,56). Der Koran geht an einer einzigen Stelle in Sure 4,157–158 auf die Kreuzigung Jesu ein. Es ist vom Wortlaut her unklar, ob der Vers generell die Kreuzigung Jesu ablehnt oder eine andere Akzentsetzung beabsichtigt. Ungeachtet einer Vielzahl von Übersetzungs- und Deutungsmöglichkeiten lehnt die muslimische Theologie einhellig die Auffassung ab, dass Jesus am Kreuz starb und durch Seinen Tod die Erlösung der Menschheit bewirken konnte. Denn solch ein Tod kann einem gerechten Propheten nicht passieren, weil Allah das nicht zulassen würde.[104]

Eine Kreuzigung hätte nach muslimischer Auffassung eine schmachvolle Niederlage und ein Scheitern der gesamten Mission Jesu bedeutet. Einem Propheten steht nach muslimischer Auffassung ein ehrenvoller Tod zu, aber keine Verurteilung als Verbrecher.

Der Tod Jesu am Kreuz macht nach muslimischem Verständnis keinen Sinn, weil jeder für seine eigenen Sünden stirbt. Denn es ist nach muslimischer Sicht grundsätzlich unmöglich, stellvertretend für andere Personen Erlösung zu erwirken. Daher ist der Gedanke der Kreuzigung Jesu und der damit verbundenen Erlösung aus muslimischer Sicht verwerflich und falsch.

Christliche Sichtweise

Jesus ist der im Alten Testament verheissene Messias, der Erlöser und Erretter der Welt. Er ist wahrer Mensch und wahrer Gott. Er ist der Sohn Gottes *(vgl. Lk 1,35)*, der um unseres Heiles willen am Kreuz stirbt und am dritten Tag vom Tod aufersteht. Er kündigt das Kommen des Heiligen Geistes als Tröster an *(vgl. Joh 14,6)*.

Jesus Christus beansprucht für sich selbst nicht nur Bote Gottes zu sein, also nicht nur etwas von Gott erzählen zu wollen, sondern Mittler, Gesandter, Inhalt der Botschaft zu sein. Jesus Christus empfängt nicht nur eine Botschaft von Gott, er ist selbst die Botschaft Gottes. Deshalb ist der Titel «Prophet», den jeder Muslim Jesus zugesteht, zu wenig, um Jesus Christus zu beschreiben. In gewissem Sinne ist «Prophet» eine Abwertung Jesu.

---

[104] Dass drei ihrer grossen vier Kalifen ermordet wurden (Omar, Osman und Ali), scheint für Muslime dazu kein Widerspruch zu sein.

Der Koran verleiht Jesus einige würdevolle Titel, in denen auch biblische Wendungen anklingen. Doch zeigt die genauere Betrachtung, dass diese Bezeichnungen, selbst wenn die gleichen Begriffe gebraucht werden, diese doch anders verstanden werden. So gilt Isa zwar auch für die Muslime als Messias, doch wird «Messias» nicht im biblischen Sinn als Heilsbringer, Retter und Erlöser verstanden.

Jesus Christus beansprucht mit einer Selbstverständlichkeit Gottes Autorität,[105] die viele Menschen schockiert. Nicht von ungefähr beschuldigt ihn die religiöse Obrigkeit der Gotteslästerung. Um Gottes Ehre zu schützen, beseitigen die Frommen Jesus und fordern seine Kreuzigung.[106]

Manchmal fragen Muslime Christen: «Weshalb anerkennt ihr Mohammed nicht als Propheten, so wie wir Jesus als Propheten anerkennen?» Dann ist es schwierig zu erklären, dass der Titel «Prophet» für Jesus eine Herabsetzung ist, weil Jesus für uns Christen mehr ist als ein Prophet: der menschgewordene Gottessohn.

Statt darüber zu streiten, wer wichtiger und grösser ist, können sich Muslime und Christen gegenseitig erzählen, was ihnen Mohammed bzw. Jesus bedeuten. Dabei kann auf den Koran hingewiesen werden, der selbst einlädt, das Evangelium zu lesen.

Erst im Hören der Geschichten und Lehren Jesu wird ein Muslim, ähnlich wie damals die Jünger, Verständnis dafür entwickeln können, dass und warum Jesus mehr als ein Mensch war und ist. Und selbst die Jünger Jesu brauchten drei Jahre, um mehr und mehr zu erahnen, wer Jesus wirklich war.[107]

---

[105] Vgl. Joh 10,30: *«Ich und der Vater sind eins.»*

[106] Vgl. Mk 14,61–64

[107] Aufschlussreich ist die folgende Szene: *«Als Jesus in das Gebiet von Cäsarea Philippi kam, fragte er seine Jünger: Für wen halten die Leute den Menschensohn? Sie sagten: Die einen für Johannes den Täufer, andere für Elija, wieder andere für Jeremia oder sonst einen Propheten. Da sagte er zu ihnen: Ihr aber, für wen haltet ihr mich? Simon Petrus antwortete: Du bist der Messias, der Sohn des lebendigen Gottes! Jesus sagte zu ihm: Selig bist du, Simon Barjona; denn nicht Fleisch und Blut haben dir das offenbart, sondern mein Vater im Himmel» (Mt 16,1–17).* Die Bedeutung Jesu Christi kann nur der himmlische Vater durch den Heiligen Geist den Menschen offenbaren – auch heute. Ebenso ist auch die Bedeutung seines Todes den Jüngern erst im Nachhinein verständlich geworden.

Jesus Christus ist mehr als ein Prophet. Er ist der menschgewordene Sohn Gottes, wahrer Mensch und wahrer Gott, der gekreuzigte Erlöser und Heiland aller Menschen.

4.4. Sünde (Unreinheit) und Erlösung

Alle Menschen spüren, dass vieles in der Welt und auch im Menschen selbst nicht gut ist. Und alle suchen Wege der Erlösung. Auch hier zeigt es sich, dass die Deutung des Bösen und dessen Überwindung im Islam und im Christentum unterschiedlich gesehen werden.[108]

Muslimische Sichtweise

Der Mensch ist grundsätzlich in der Lage, das Gute zu tun und das Böse zu meiden. Der Mensch kann gute Werke tun und durch das Einhalten der Gebote Gott gefallen. Er ist in der Lage, die sogenannten fünf Säulen des Islam einzuhalten, die für jeden Muslim verpflichtend sind.

Böses tritt nur von aussen an ihn heran. Der Mensch sündigt, wenn er den Einflüsterungen Satans Gehör schenkt und die Gebote bricht. Sünde besteht darin, das Gesetz Gottes zu brechen. Letztlich berührt die Sünde Gott nicht.

Ein Muslim geht davon aus, dass er die Sünde auch lassen kann. Wer sündigt, schadet sich selbst. Sünde ist eine menschliche Angelegenheit. Wer sündigt, kann die Sünde wiedergutmachen, zum Beispiel durch Frömmigkeit. Und dazu muss er natürlich aufhören zu sündigen. Er muss das ganze Gesetz tun. Wer Sünde bekennt und sie lässt, dem wird vergeben.

Für den Muslim sind alle Fragen des «Heils» rein menschlich zu lösen. Gott hat alle Mittel gegeben und alle Wege dazu im Koran gezeigt.

– Rein und unrein

Im islamischen Glauben sind es vor allem Körperflüssigkeiten, die unrein machen.[109] Sie verhindern das Gebet, sodass man sich vor dem Gebet gründlich Hände, Füsse, Nase und Mund waschen muss.

---

[108] Im Islam betrifft Sünde immer nur den konkreten Menschen. So betrifft der «Sündenfall» Adams nur ihn persönlich. Folglich gibt es im Islam weder die Lehre der Erbsünde noch gibt es als logische Konsequenz eine Erlösung.

[109] Alles, was den Körper verlässt, macht den Menschen unrein: Schweiss, Samen, Urin, Speichel, Blut, Schleim. Um eine fromme Tätigkeit wie das Beten verrichten zu können, muss man rein sein. Wer auf dem Weg zum Beten von einem vorbeifahrenden Wagen mit Schlamm bespritzt wird, kann gleich wieder nach Hause gehen, um sich umzuziehen.

Sünde aber wird nicht abgewaschen, sie ist kein Hindernis für das Gebet, sie ist nur eine Negativbuchung auf einem Schuldenkonto, das man durch Frömmigkeit wieder abarbeiten kann.

Die Kategorien «rein» und «unrein» bewegen sich also nicht auf der gleichen Ebene wie Sünde. Deshalb wird Unreinheit auch nicht «wiedergutgemacht», sondern abgewaschen.

Christliche Sichtweise

Gott hat die Schöpfung vollkommen und gut erschaffen. Ein perfektes Werk! Das «Paradies» ist ein sprechendes Bild für dieses harmonische Zusammenspiel. Im Zentrum steht Gott. Seine Liebe und Seine Schönheit leuchten in allen Beziehungen auf, auch in der Beziehung der Geschöpfe untereinander.

In diese wunderbare Schöpfungsharmonie brach nun am neuralgischsten Punkt – in die Freiheit der vernunftbegabten Geschöpfe - eine furchtbare Katastrophe ein. Denn Gott gab den Engeln und Menschen die Freiheit, die ihnen zugedachte Rolle mit den entsprechenden Aufgaben und Diensten anzunehmen oder abzulehnen, sich für oder gegen Ihn zu entscheiden. Der Mensch missbrauchte diese Freiheit. Er wollte nicht mehr den ihm von Gott gegebenen Platz einnehmen, sondern wie Gott sein *(vgl. Gen 3,5).* Er wollte nicht mehr von seinem Schöpfer her empfangen und von Ihm her leben. Er wollte selbst Mittelpunkt sein und über Gut und Böse entscheiden.

Damit sonderte er sich vom Schöpfer und Seiner Heil bringenden Schöpfungsordnung ab. Diese Absonderung wird «Sünde» genannt. Damit kam ein Riss, eine furchtbare Verletzung und Störung in die göttliche Heilsordnung, in die sichtbare Schöpfung.[110]

Der Mensch ist seit dem Sündenfall verwirrt, verfremdet und trägt Böses in sich. Die einzelnen Sünden eines Menschen sind Ausdruck seiner inneren Auflehnung und Ausdruck seines Misstrauens gegen Gott. Sünde kommt aus dem innersten Herzen *(vgl. Mk 7,21)* und richtet sich immer gegen Gott und seine Schöpfungsordnung, die göttlichen Gebote.

---

[110] Diese Verletzung und Störung der göttlichen Heilsordnung ist die Folge der Ursünde der ersten Menschen. Dies führte zu einem Unheilszustand, in den jeder Mensch hineingeboren wird, welcher ihn auch in der Ausübung seiner Freiheit beeinträchtigt. Dieser Unheilszustand wird «Erbschuld» oder «Erbsünde» genannt.

Weil der Mensch unfähig war, selbst aus dieser Verfremdung und inneren Gefangenheit herauszukommen, ist Gott ihm zu Hilfe gekommen. Gott wollte in seiner Barmherzigkeit nicht von «oben» oder von «aussen» her Heil und Erlösung bringen, sondern von «innen» her. Darum sandte Gott seinen eigenen Sohn in die Welt: *«Die Liebe Gottes wurde unter uns dadurch offenbart, daß Gott seinen einzigen Sohn in die Welt gesandt hat, damit wir durch ihn leben» (1 Joh 4,9).* Heil empfängt der Mensch, wenn er sich glaubend Jesus, dem Sohn Gottes anvertraut: *«Denn Gott hat die Welt so sehr geliebt, dass er seinen einzigen Sohn hingab, damit jeder, der an ihn glaubt, nicht zugrunde geht, sondern das ewige Leben hat» (Joh 3,16).*

Christen verstehen die einzelnen Sünden, die sie tun, als Folge der erb-sündigen Tendenz, der inneren Auflehnung gegen Gott und seinen Willen. Diese erbsündliche Tendenz, die am Menschen klebt, verleitet ihn immer wieder zu neuen Sünden. Deshalb muss ein Christ erst das Grundübel, die Wurzel aller Sünden, die innere Auflehnung gegenüber Gott und die Distanz zu Ihm loswerden. Das geschieht, indem sich der Mensch glaubend Jesus, dem Sohn Gottes, anvertraut und Ihn zur neuen Mitte seines Lebens wählt. Dann erst kann er sich in der Kraft des Heiligen Geistes den anderen Sünden zuwenden und sie durch Gebet und Mühe überwinden.

– Rein und unrein

Jesus bringt Unreinheit und Sünde miteinander in Verbindung, wenn er sagt: *«Was aus dem Menschen herauskommt, das macht ihn unrein. Denn von innen, aus dem Herzen der Menschen, kommen die bösen Gedanken, Unzucht, Diebstahl, Mord, Ehebruch, Habgier, Bosheit, Hinterlist, Ausschweifung, Neid, Verleumdung, Hochmut und Unvernunft. All dieses Böse kommt von innen und macht den Menschen unrein» (Mk 7,20–23).* Sünde im christlichen Glauben macht unrein und damit unfähig zur Beziehung mit Gott.

Ein Muslim versteht seine sündigen Taten nicht als Folge eines inneren Defektes, eines inneren Unheilszustandes. Er geht vielmehr davon aus, dass er sie auch lassen kann. Damit beschränkt er den Begriff «Sünde» auf eine bestimmte Menge von Taten, die im Koran oder in der Überlieferung angesprochen sind. Dabei hat die Frage, welche Motive jemanden zu solchen Taten treiben könnten, keine Bedeutung.

4.5. Das Gebet

Ein wesentlicher Aspekt des Glaubenslebens ist das Gebet. Im Gebet wenden sich die Menschen an Gott und erhoffen von ihm Hilfe und Heilung. Was bedeutet Gebet für die Muslime und was für die Christen?

Muslimische Sichtweise

Jeden Tag betet ein Muslim 68-mal «Allah ist grösser» und 102-mal «Gepriesen sei mein Herr!». Dieser ständige Gebetsruf hat zum Ziel, sich stets der Gegenwart Allahs bewusst zu sein. Muslime möchten durch das treue Einhalten des täglichen Gebetes vermeiden, dass sie von Allah dafür bestraft werden, wenn sie sein Gebot zum Gebet nicht einhalten, und andererseits hoffen Muslime durch das treue Gebet Allah zu entsprechen, sodass er sie am Ende des Lebens am Tag des Gerichtes ins Paradies aufnimmt.

Neben dem vorgeschriebenen rituellen Gebet können Muslime auch freiwillige Gebete verrichten, bei dem Suren rezitiert werden. Persönliche Gebete, in denen ein Mensch seine individuellen Gedanken und Anliegen vor Gott bringt, sind selten.[111] Das hängt auch mit dem Gottesbild zusammen. Denn nach muslimischer Lehre spricht Allah nicht direkt mit dem Menschen. Deshalb erwartet der gläubige Muslim auch nicht eine konkrete Antwort von Allah. Auf jede Frage nach Gott, auf jede Frage nach dem Schicksal, nach Leid, nach der Zukunft, nach dem Leben überhaupt erfolgt darum dieselbe Antwort: «Allah ist grösser!»

Christliche Sichtweise

Jesus hat immer wieder zum Gebet und vor allem zum Vertrauen *(vgl. z. B. Lk 11,5–13)* beim Gebet aufgerufen. Er sagt: *«Wenn ihr betet, so sprecht: Vater, ...» (Lk 11,2).* Mit dem Wort «Abba-Vater» ist das Herz des christlichen Gebetes benannt: Gebet ist Beziehungspflege mit dem herzensguten Abba-Vater, der uns über alles liebt, uns mit seinen Gaben beschenken will und sich um uns kümmert! Im Gebet öffnen wir uns seiner Liebe. Wenn Christen nicht beten, verkümmert ihre Freundschaft mit Gott, und sie bringen sich

---

[111] Einzig in der mystischen Bewegung des Sufismus wird grosser Wert auf das persönliche Gebet als Form der Kommunikation mit Gott gelegt.

selbst um die Möglichkeit, sein Wort und die Liebe seiner Gegenwart zu empfangen.

Auch das christliche Gebet kennt verschiedene Aspekte, eine Ordnung und einen Rhythmus. Dazu gehören z. B. Morgen- und Abendgebet, das Gebet vor dem Essen, das gemeinsame Gebet mit anderen Gläubigen, das liturgische Gebet im Gottesdienst. Entscheidend dabei ist nicht der äusserliche Vollzug, sondern die Herzenshaltung.

Der wesentliche Unterschied im Gebet gründet im unterschiedlichen Gottesbild. Für den Islam ist Gott ein absoluter Herrscher, und die Menschen sind seine Sklaven. Als Folge davon ist das Gebet ein Weg, um die Gunst Gottes zu erlangen.

Für das Christentum ist Gott ein mütterlich-liebender Vater, der seine Kinder über alles liebt. Im Gebet öffnen sich seine Kinder Ihm, und Er kann sie segnen und beschenken.

4.6. Gericht und Ewigkeit

Ein ganz entscheidender Aspekt für den Islam ist das kommende Gericht und als Folge davon der Eingang ins Paradies oder – eine Zeit lang oder für immer – in die Hölle. Auch Jesus hat vom kommenden Gericht gesprochen und von den Folgen, die sich daraus ergeben. Trotz dieser Gemeinsamkeit sind auch da wieder eklatante Unterschiede ersichtlich.

Muslimische Sichtweise

Was nach dem Tod mit dem Menschen geschieht, bleibt weitgehend nebulös. Während die Märtyrer unmittelbar ins Paradies eingehen können, liegen die Seelen der Menschen in einer Art Schlaf bis zum Gericht.[112] Dann wird jeder einzelne Mensch von Gott gerichtet. Dabei gibt es bestimmte Gruppen, die als Ganzes verurteilt werden, weil sie Mohammed nicht als Propheten Gottes

[112] Für Christen ist interessant zu wissen, dass die Muslime beim Gericht ebenfalls die Wiederkunft Jesu erwarten, die in Sure 4, 158–159 angedeutet ist. Die Überlieferung hat diese Aussage weiter entfaltet: Jesus (wenn er auf die Erde wiederkehren wird) wird den Antichristen mit einer Lanze vernichten, alle Schweine töten, alle Kreuze, Synagogen und Kirchen vernichten und alle Christen, die den Islam nicht annehmen, töten, damit nur noch der islamische Glaube bestehen bleibt.

anerkannt und den Islam nicht angenommen – und somit Vielgötterei begangen – haben.

Paradies und Hölle werden mit so irdischen Bildern beschrieben, dass man den Eindruck gewinnt, dass sie sich irgendwo auf der Erde befinden müssten. Das Paradies beinhaltet ein im höchsten Mass gesteigertes irdisches Glück.

Und da ist noch etwas bemerkenswert: Kann ein frommer und gottesfürchtiger Muslim mit Gewissheit sagen, dass er am Ende seines Lebens in das Paradies eingehen wird? Nein, das kann er nicht. Denn selbst von Mohammed ist nicht mit letzter Gewissheit zu sagen, dass er das Paradies erlangt habe, obwohl die Muslime davon überzeugt sind.[113]

Die Heilsungewissheit im Islam ist eng mit dem Gottesverständnis verknüpft. Die Allmacht und die unumschränkte Entscheidungs- und Handlungsgewalt Allahs machen es unmöglich, dass das Handeln Allahs – und auch seine Entscheidungen im Jüngsten Gericht – für den Menschen vorhersagbar wären.

Da Muslime davon ausgehen, dass Allah allmächtig ist und niemand je sein Wesen erfasst und erkannt hat, kann niemand mit Gewissheit sagen, ob Allahs Barmherzigkeit, seine Güte und Gnade, von der der Koran fortwährend spricht, beim Einzelnen auch tatsächlich zur Anwendung kommen oder ob Allah ihm am Ende der Tage doch zürnen wird. Darüber wird der Mensch erst nach seinem Tod die letzte Gewissheit erlangen können, vorher nicht. Allahs Verhalten ist niemals vorhersehbar, sonst würde er sich ja auf eine menschliche Ebene begeben und sich in menschliche Vorstellungen hineinpressen lassen.

Christliche Sichtweise

Für die Christen kommt die grosse Frage nicht erst nach dem Tod, vielmehr sind Gericht und Ewiges Leben Aspekte, die in dieser Erdenzeit beginnen. Für Christen gibt es deshalb auch in mehrfacher Weise Gewissheit:

---

[113] Dies drückt sich bis heute im Friedenswunsch für Mohammed aus. Ein Muslim fügt jedesmal, wenn er den Namen Mohammed ausspricht, die Formel «Friede sei mit ihm» hinzu. Das ist ein Zeichen von Ehrerbietung und Respekt. Inhaltlich wünscht er dem Propheten des Islam, dass er bei Allah angenommen werde. Es zweifelt zwar kein Muslim daran, dass dies der Fall ist, aber die Souveränität Allahs erfordert es, dass selbst Mohammed nichts von Gott einfordern kann.

Erstens persönlich: Wer an Jesus Christus glaubt *(vgl. Joh 3,16-18)*, den Taufbund bewusst geschlossen hat und entsprechend zu leben versucht, für den gibt es keine endgültige Verurteilung mehr: *«Jetzt gibt es keine Verurteilung mehr für die, welche in Christus Jesus sind» (Röm 8,1).*[114] Denn die im Taufbund eingegangene Verbindung ist stärker als der irdische Tod. *«Denn ich bin gewiss: Weder Tod noch Leben, weder Engel noch Mächte, weder Gegenwärtiges noch Zukünftiges, weder Gewalten der Höhe oder Tiefe noch irgendeine andere Kreatur können uns scheiden von der Liebe Gottes, die in Christus Jesus ist, unserem Herrn» (Röm 8,38–39).*

Zweitens: Ewiges Heil ist für alle möglich. Gott *«will, dass alle Menschen gerettet werden und zur Erkenntnis der Wahrheit gelangen. Denn: Einer ist Gott, einer auch Mittler zwischen Gott und den Menschen: der Mensch Christus Jesus…» (1 Tim 2,4–5).* Durch Jesus Christus und nur durch Ihn können alle Menschen gerettet werden.[115]

Drittens: Jesus nennt in mehreren Gleichnissen klar die Kriterien des Gerichtes *(vgl. Mt 25, 34–46)*: Glauben an Jesus Christus, die Liebe zu Gott und die Liebe zu den Menschen.

Viertens: Das Paradies – wir sprechen besser vom Himmel – ist jenseitig. Er ist unendlich viel beglückender und schöner, als wir uns dies vorstellen können.[116] Deshalb spricht Jesus unter anderem vom Himmel als Hochzeitsmahl und Fest. Diese Bilder stehen für frohe

---

[114] *«Wer kann die Auserwählten Gottes anklagen? Gott ist es, der gerecht macht. Wer kann sie verurteilen? Christus Jesus, der gestorben ist, mehr noch: der auferweckt worden ist, sitzt zur Rechten Gottes und tritt für uns ein» (Röm 8,33–34).* Jesus Christus hat sie freigesprochen und spricht sie immer wieder neu frei.

[115] Dazu sagt das Zweite Vatikanische Konzil: *«Wer nämlich das Evangelium Christi und seine Kirche ohne Schuld nicht kennt, Gott aber aus ehrlichem Herzen sucht, seinen im Anruf des Gewissens erkannten Willen unter dem Einfluss der Gnade in der Tat zu erfüllen trachtet, kann das ewige Heil erlangen. Die göttliche Vorsehung verweigert auch denen das zum Heil Notwendige nicht, die ohne Schuld noch nicht zur ausdrücklichen Anerkennung Gottes gekommen sind, jedoch, nicht ohne die göttliche Gnade, ein rechtes Leben zu führen sich bemühen» (Dogmatische Konstitution über die Kirche, Nr. 16).* Das heisst: Wo immer also Menschen mit redlichem Herzen auf die Stimme ihres Gewissens hören und diesem in der Tat folgen, hören diese Menschen, auch wenn sie (unter Umständen) nicht einmal an Gott glauben, unbewusst bereits auf Seine Stimme.

[116] Vgl. dazu, was Paulus schreibt: *«Wir verkündigen, wie es in der Schrift heisst, was kein Auge gesehen und kein Ohr gehört hat, was keinem Menschen in den Sinn gekommen ist: das Grosse, das Gott denen bereitet hat, die ihn lieben. Denn uns hat es Gott enthüllt durch den Geist» (1 Kor 2,9–10a).*

und ausgelassene Stimmung, für vollkommene Gemeinschaft mit Gott und untereinander, für Freude und Glück und für eine beglückende Liebeserfahrung. Ein anderes Bild ist die beglückende Schau Gottes. Im Himmel werden wir Gott von Angesicht zu Angesicht sehen. Im Ersten Johannesbrief ist dies so ausgedrückt: *«Wir werden ihn sehen, wie er ist» (1 Joh 3,2c)*. Ihn sehen in seiner Grösse, Schönheit und in seiner strahlenden Herrlichkeit – unfassbar faszinierend, ja überwältigend!

Muslimen und Christen ist gemeinsam, dass sich alle Menschen für ihr Tun und Unterlassen vor Gott zu verantworten haben. Für Christen besteht der Himmel in der höchsten Liebesgemeinschaft mit Gott und den Menschen in einer jenseitigen Wirklichkeit. Muslime glauben, dass Allah im Paradies nicht gegenwärtig sein wird. Das Paradies besteht in den höchsten Formen des irdischen Genusses des Lebens.

4.7. Maria, die Mutter Jesu

Es überrascht, dass Maria auch im Islam eine besondere Stellung hat. So ist zumindest für katholische und orthodoxe Gläubige interessant, wie der Islam zu Maria steht.

Muslimische Sichtweise

Maria ist die einzige Frau, die im Koran mit ihrem eigenen Namen genannt wird. Sie wird an den meisten Stellen in Zusammenhang mit Jesus als dessen Mutter erwähnt. Sie wird als «Schwester Aarons» bezeichnet (Sure 19,28). Vermutlich hat sie Mohammed mit der Mirjam im Alten Testament verwechselt.[117] Die Mutter Marias, deren Name der Koran nicht aufführt (die jedoch auch die muslimische Tradition Hanna nennt), weiht Maria vor ihrer Geburt bereits Gott. Maria wohnt später im Tempel.[118]

Der Engel Gottes verkündet Maria, dass sie von Gott «rein gemacht» worden ist (Sure 3,42–43). Nachdem sie ihr Erschrecken

[117] Ferner gilt Maria als «Tochter Imrâns». Im AT wird der Vater von Mirjam und Aaron «Amram» genannt (Num 26,59). Die Ähnlichkeit der beiden Väternamen deutet ebenfalls auf die erwähnte Verwechslung von Maria und Mirjam hin.

[118] Diese Erzählungen über Maria finden sich in christlich-apokryphen Schriften.

darüber überwunden hat, dass sie ein Kind zur Welt bringen wird, obwohl sie mit keinem Mann verheiratet ist, bezeugt sie ihre Unbescholtenheit gegen die Verleumdung der Menschen, die sie der Hurerei bezichtigen wollen, weil der Vater nicht bekannt ist (vgl. Sure 4,156).

Auch Maria ist wie Jesus von Allah zu einem «Zeichen» gemacht worden: «Und wir haben den Sohn der Maria und seine Mutter zu einem Zeichen gemacht. Und wir gewährten ihnen Aufnahme auf einem flachen Höhenzug mit (fruchtbarem?) Grund und Quellwasser» (Sure 23,50). Muslimische Theologen haben ausgehend von diesem Vers versucht, die Himmelfahrt Mariens und ihre unmittelbare Aufnahme ins Paradies zu erklären.

Marias Tugenden werden hervorgehoben: Marias Keuschheit, ihr Glaube an «Allah» sowie ihre Demut (vgl. Sure 66,12).[119] All das zeigt die Achtung, die Maria im Islam entgegengebracht wird.

Christliche Sichtweise

Maria hat im Heilsplan Gottes eine Schlüsselposition, denn durch sie ist Gott Mensch geworden und zu uns gekommen. Der Engel Gabriel kündet ihr, der Jungfrau, die Geburt des göttlichen Kindes an, das sie *«vom Heiligen Geist» (Mt 1, 20)* empfangen wird. Von Maria empfing Jesus die menschliche Natur. Maria lebte als Mutter ganz für Jesus und unterstützte die Sendung ihres Sohnes.

Am Kreuz schenkt Jesus Maria, seine Mutter, seinem Lieblingsjünger Johannes – und damit allen, die ihm nachfolgen – als Mutter. Maria ist frei von jeder Sünde und wird am Ende ihres Lebens in den Himmel aufgenommen. Von dort her führt sie in ihrer himmlischen Existenzweise durch ihre Fürbitte ihren mütterlichen Dienst für den Leib Christi, die Kirche, weiter.

Im Kampf mit dem Widersacher Gottes hatte und hat Maria gemäss der Heiligen Schrift[120] eine besondere Schutz- und Fürbittmacht. In der Geschichte der Kirche wurde der Sieg bei der

---

[119] Gemäss muslimischer Korankommentatoren gehört Maria neben Kadija, Aischa und Fatima zu den vier vornehmsten Frauen des Islam und gilt als die oberste der Frauen im Paradies.

[120] Vgl. *Gen 3, 15: «Feindschaft setze ich zwischen dich und die Frau, zwischen deinen Nachwuchs und ihren Nachwuchs. Er trifft dich am Kopf und du triffst ihn an der Ferse.» und Offb 12,1–6.*

Seeschlacht von Lepanto am 7. Oktober 1571 ihrer himmlischen Fürbitte zugeschrieben.[121]

Auch heute, in den vielfältigen Auseinandersetzungen mit den widergöttlichen Mächten und Kräften, hilft Maria im Herzen der Kirche mit, ihren Sohn offenbar zu machen und die Kirche in ihrer Sendung zu unterstützen. Ihr Ziel ist es, dass alle ihren Sohn als Erlöser und Retter kennenlernen und ihm folgen. In der katholischen Kirche wird Maria als Urbild und Vorbild der Kirche bezeichnet.

Erzbischof Edmond Farhat, der emeritierte Apostolische Nuntius in Österreich, hat am 6. Nov. 2010 auf dem Mariologischen Kongress in Wien einen Vortrag zum Thema «Maria, Mutter der Einheit» gehalten, in dem er Möglichkeiten und Grenzen islamischer Marienverehrung mit der christlichen Marienverehrung verglichen hat: «Um Gott und Christus streiten sich die Religionen, bei Maria hingegen begegnen sich der Islam und das Christentum», sagt Erzbischof Farhat, der als ein Kenner der Verhältnisse des Nahen Ostens gilt. Dies zeigt: Über die Person Marias kann ein Dialog beginnen.

Doch andrerseits ist unübersehbar, dass Maria nur ein Anliegen kannte und kennt: Die Sendung ihres Sohnes als einzigen Erlöser der Menschheit zu unterstützen; damals in der Zeit der historischen Existenz in Palästina und heute im Herzen der Kirche.

---

121 Damals bedrohten muslimische Türken akut das gesamte christliche Abendland und fielen in blutigen Eroberungskämpfen immer tiefer in Europa ein, um die Christen gewaltsam dem Islam zu unterwerfen. Ihr Vormarsch schien unaufhaltsam. In dieser Not der furchterregenden Überlegenheit der Feindesmacht half nur noch das Gebet und der Einsatz aller christlichen Mittel sowie der besondere Schutz der Königin des Himmels und der Erde. Der hl. Papst Pius V. (1566–1572) rief alle Christen im gesamten Abendland zum Rosenkranzgebet auf, um die islamische Invasion abzuwehren. Am 7. Oktober 1571 trafen im Süden Griechenlands bei Lepanto die beiden völlig ungleichen Truppen aufeinander: die überlegene türkische Flotte in der Schlachtordnung eines zweifachen, riesigen Halbmondes, die Christen in einer kreuzförmigen Aufstellung. …
Die Seeschlacht von Lepanto endete mit dem wunderbaren Sieg der Christen über den Islam, dem Sieg des Kreuzes, der Muttergottes, der Schlangenbesiegerin über den Halbmond. Darüber hinaus blieb das Flaggschiff des Admirals Giovanni Andrea Doria als einziges Schiff ganz unversehrt. In dessen Kabine befand sich das Gnadenbild der Muttergottes von Guadalupe! … Der Papst, der selbst eine Vision in der Stunde des Sieges hatte, die ihn vom Triumph der Christenheit unterrichtete, führte den 7. Oktober als neuen Festtag ein. «Unserer Lieben Frau vom Sieg»

«In der Kirche zuhause!» – Erfahrung des Konvertiten «Ali»[122]

Ich bin jetzt 24 Jahre alt, bin gelernter Schlosser und stamme aus einer einfachen Familie der Südosttürkei. Mein Vater ist Fernfahrer, meine Mutter Hausfrau. Ich habe noch sechs Geschwister, alle Familienmitglieder sind tiefgläubige Muslime.

Vor etwa sechs Jahren begegnete ich in meinem Heimatort jungen Christen und Muslimen, die miteinander über alles offen sprachen, sogar miteinander singen und beten konnten. Die Lieder waren für mich fremd, es waren zumeist christliche Taizé-Lieder.

Mit der Zeit hatte ich den Wunsch, mehr über den christlichen Glauben zu erfahren. Ich begann die Bibel zu lesen und war von Jesus Christus fasziniert. Die Bibel und Jesus waren eine Überraschung für mich; die Art, wie Jesus mit Menschen umging, faszinierte mich. Das Gottesbild, das mir hier entgegentrat, das kannte ich bisher nicht. Nach einiger Zeit erbat ich den Taufunterricht.

Beim Abschluß des Unterrichts stand ich vor einer schwierigen Entscheidung. Ich mußte zwischen Jesus und meinen Eltern wählen. Der Vater stellte die Bedingung: «Dein Glaube oder deine Familie!» - Ich betete und entschied mich für Jesus. Jesus ist für mich so entscheidend wichtig, daß ich die Eltern für ihn verlassen habe!

Endlich wurde ich getauft, ein großes und tiefes Erlebnis für mich. Ein neuer Lebensabschnitt begann. Ich war mir aber auch bewußt, daß ich als Christ mit Schwierigkeiten zu rechnen haben würde.

Kurz nach der Tauffeier erschienen in der Tat Beamte der örtlichen Polizei bei mir, und ich wurde als angeblicher Terrorist verhört. Auch viele Freunde wandten sich von mir ab. Deutlich ließen sie mich ihre Verachtung als einen «vom rechten Glauben Abgefallenen» spüren. Meine Eltern reagierten entsetzt. Für mich begann ein Familiendrama. Ich mußte das Haus verlassen – ich hatte ab sofort kein Zuhause mehr. Ich betete viel. Immer wieder suchte ich Kontakt zu meinen Eltern.

---

sollte jährlich an diesem Tag gedacht werden. Aus Dankbarkeit fügte er deshalb in die Lauretanische Litanei ein: «Du Hilfe der Christen, bitte für uns!» Später wurde dieser Festtag von Papst Gregor XIII. (1572–1585) in das Rosenkranzfest umbenannt. (Zitiert nach: Guadalupe heute aktuell, Das Wunder von Lepanto – 7. Oktober 1571).

[122] Name geändert. Quelle: Institut St. Justinus, A-8630 Mariazell.

Wenige Tage vor dem Antritt des Militärdienstes wurden meine Gebete dann erhört: Auf die Vermittlung meiner Mutter hin war mein Vater bereit, mich in seinem Haus zu empfangen. Zunächst zögerte er noch, als er mich sah, dann aber umarmte er mich! Danach hielten wir, die ganze Familie gemeinsam, ein Festmahl. Der Vater hatte mich als seinen Sohn wieder angenommen. Das Thema Religion freilich blieb damals unter uns tabu.

Als ich meinen Militärdienst antreten mußte, vermied ich es aus Angst, über meinen Glauben zu sprechen. Trotzdem wußten nach wenigen Monaten alle, daß ich Christ bin. Wieder war es das Gebet, das mir half. Die erwarteten negativen Konsequenzen blieben in dieser Zeit aber aus, im Gegenteil: Der Kommandant zeigte sich sehr verständnisvoll. Er bot mir an, alles zur Ausübung meines christlichen Glaubens zu beschaffen – vom Rosenkranz bis zur Einteilung der Dienstzeit, damit ich am Sonntag beten konnte. Er erbat sogar von mir eine Bibel!

Nach Beendigung der Militärzeit ging ich in den Norden des Landes, um in einer katholischen Gemeinde zu arbeiten. Der dortige Pfarrer half mir, mein geistliches Leben zu vertiefen. Er führte viele Glaubensgespräche mit mir und übertrug mir verschiedene Aufgaben in der Gemeinde.

Immer häufiger drängte sich mir der Gedanke auf, Priester zu werden. Ich wandte mich an meinen zuständigen Bischof, und nach vielen Gesprächen und Gebeten war mein nächster Schritt der Eintritt in das Priesterseminar.

Inzwischen fühle ich mich in der katholischen Kirche so richtig zuhause! In der heiligen Eucharistie begegne ich Jesus, und ich möchte nur noch das tun, was Jesus von mir will. Jetzt studiere ich mit Freude Theologie und will mich für meine Aufgabe in meiner Heimat gut vorbereiten.

5. Zum Umgang mit Muslimen

Die katholische Kirche hat erstmals im Zweiten Vatikanischen Konzils (1962–1965) offizielle Aussagen über den Islam gemacht. In besonderer Weise hat sich das Konzil mit dem Verhältnis zu den nichtchristlichen Religionen im Dokument «Nostra aetate» auseinandergesetzt. Darin heisst es über die Muslime: *«Mit Hochachtung betrachtet die Kirche auch die Muslim, die den alleinigen Gott anbeten, den lebendigen und in sich seienden, barmherzigen und allmächtigen, den Schöpfer des Himmels und der Erde, der zu den Menschen gesprochen hat. Sie mühen sich, auch seinen verborgenen Ratschlüssen sich mit ganzer Seele zu unterwerfen, so wie Abraham sich Gott unterworfen hat, auf den der islamische Glaube sich gerne beruft.*

Jesus, den sie allerdings nicht als Gott anerkennen, verehren sie doch als Propheten, und sie ehren seine jungfräuliche Mutter Maria, die sie bisweilen auch in Frömmigkeit anrufen. Überdies erwarten sie den Tag des Gerichtes, an dem Gott alle Menschen auferweckt und ihnen vergilt. Deshalb legen sie Wert auf sittliche Lebenshaltung und verehren Gott besonders durch Gebet, Almosen und Fasten.

Da es jedoch im Lauf der Jahrhunderte zu manchen Zwistigkeiten und Feindschaften zwischen Christen und Muslimen kam, ermahnt die Heilige Synode alle, das Vergangene beiseite zu lassen, sich aufrichtig um gegenseitiges Verstehen zu bemühen und gemeinsam einzutreten für Schutz und Förderung der sozialen Gerechtigkeit, der sittlichen Güter und nicht zuletzt des Friedens und der Freiheit für alle Menschen» («Nostra aetate» Nr. 3).

Weiter lesen wir in der Dogmatischen Konstitution über die Kirche: *«Der Heilswille umfaßt aber auch die, welche den Schöpfer anerkennen, unter ihnen besonders die Muslim, die sich zum Glauben Abrahams bekennen und mit uns den einen Gott anbeten, den barmherzigen, der die Menschen am Jüngsten Tag richten wird» («Lumen gentium» Nr. 16).* Da Gott will, dass *«alle gerettet werden und zur Erkenntnis der Wahrheit gelangen» (1 Tim 2,4),* ist die Verkündigung des Evangeliums auch Muslimen gegenüber Ausdruck unserer Liebe zu ihnen. Die Verkündigung des Evangeliums an alle Menschen ist und bleibt die Hauptaufgabe der Kirche, wie sie es auch im Dokument über die nichtchristlichen Religionen darlegt: *«Unablässig aber verkündet sie und muß sie verkündigen Christus, der ist «der Weg, die Wahrheit und das Leben» (Joh 14,6), in dem die Menschen die Fülle des religiösen Lebens finden, in dem Gott alles mit sich versöhnt hat» («Nostra aetate» Nr.2).*

In diesen Texten des Konzils sind drei Aspekte des Umganges mit den Muslimen angesprochen, auf die wir nun näher eingehen: Respekt und Wertschätzung, Dialog sowie Mission.

5.1. Respekt und Wertschätzung

Alle Menschen sind von Gott geliebt. Deshalb muss auch unsere Liebe und unsere Wertschätzung allen Menschen gegenüber gegenwärtig sein.

Unterschied zwischen Lehre und Person

Zuerst anerkennt die katholische Kirche, dass die Muslime den alleinigen Gott anbeten, auch wenn – ausser im Glauben an die Schöpfung aus dem Nichts, dem Glauben an einen sich offenbarenden Gott und dem Monotheismus – das Verständnis Gottes unterschiedlich ist. Das zeigt, dass es sich bei den oben zitierten Sätzen nicht um eine objektiv-dogmatische, sondern um eine subjektiv-spirituelle Aussage handelt. Denn auf der dogmatischen Ebene sind die Aussagen des Korans über Allah nicht zu vereinbaren mit dem Gott der christlichen Offenbarung. Gläubige Muslime wehren sich auch entschieden gegen die Unterstellung, ihr Allah sei identisch mit unserem biblischen Gott.

Die persönliche Frömmigkeit ist von dieser dogmatischen Ebene zu unterscheiden. So kann jemand eine «lehrmässig falsche» Gottesauffassung vermittelt bekommen haben und vertreten, und dennoch aufgrund seiner lauteren Herzenshaltung den wahren Gott suchen, lieben und anbeten. Gott schaut nicht in erster Linie auf die Richtigkeit der Lehre, sondern auf das aufrichtige Herz. Dies hat auch Petrus erfahren: *«Wahrhaftig, jetzt begreife ich, dass Gott nicht auf die Person sieht, sondern dass ihm in jedem Volk willkommen ist, wer ihn fürchtet und tut, was recht ist» (Apg 10,34–35).*

Muslime fordern uns heraus

Die Hochschätzung, welche die Kirche den Muslimen entgegenbringt, bezieht sich auf bestimmte Aspekte, in denen sie uns Vorbild sein können und uns herausfordern, diese in unserem Christsein neu zu entdecken und entschiedener zu leben. Es gibt im Islam – wie in anderen Religionen – viele Menschen, die uns punkto Ernsthaftigkeit und Entschiedenheit herausfordern.

Ich denke an jene junge Muslimin, die als Näherin nur ein ganz kleines Einkommen hatte und sparte, wo sie nur konnte. Sie war verlobt und wollte bald heiraten. Doch vor der Heirat wollte sie ihre (sehr aufwendige) Pilgerreise nach Mekka unternehmen, um Allah die Ehre zu geben. Sie sagte: «Gott kommt zuerst!»

Ich denke an gläubige Muslime, welche die Priorität Gottes unter allen Umständen zu leben versuchen, indem sie die fünffachen täglichen Gebete (mit einer Zeit von 30–50 Minuten) treu verrichten sowie das Ramadanfasten einhalten. Dem gegenüber erleben wir ja gerade im Westen, wie die Heiligkeit und Souveränität Gottes mehr und mehr missachtet und Gott selbst auf die Seite gestellt wird. Da können wir nur lernen!

Dazu gehört auch der Mut, öffentlich den Glauben zu bekennen und für diesen einzustehen. Dies hat auch Papst Johannes Paul II. gewürdigt.[123] Die Kraft ihres Glaubens zeigt sich darin, dass der Glaube alle Lebensbereiche durchdringt. Der Glaube ist die prägende Kraft der Kultur. Gerade diese Einheit von Kultur und Glaube kann für uns neu vorbildhaft werden.

Der Ruf des Muezzin und das Angelus-Läuten

Christoph Kohl, Mitglied der Priestergemeinschaft Jesus Caritas aus Speyer, erzählt[124]: *Kurz nach 5 Uhr, erste Morgendämmerung. Am Straßenrand hält ein Polizeiauto. Rechts daneben, auf dem*

[123] Papst Johannes Paul II. hat sich am 17. November 1980 bei seinem ersten Deutschland-Besuch in Mainz an die Muslime gewandt, die in Deutschland leben, und erklärt: «Auch euch gilt mein herzlicher Segensgruß! Wenn ihr mit aufrichtigem Herzen euren Gottesglauben aus eurer Heimat hierher in ein fremdes Land getragen habt und hier zu Gott als eurem Schöpfer und Herrn betet, dann gehört auch ihr zu der großen Pilgerschar von Menschen, die seit Abraham immer wieder aufgebrochen sind, um den wahren Gott zu suchen und zu finden. Wenn ihr euch in der Öffentlichkeit nicht scheut zu beten, gebt ihr uns Christen dadurch ein Beispiel, das Hochachtung verdient. Lebt euren Glauben auch in der Fremde und lasst euch von keinen menschlichen oder politischen Interessen missbrauchen.»

[124] Zitiert nach: Anstöße/ Morgengruß – Kath. Morgenansprache im Südwestrundfunk / SWR 1 + 4 Rheinland-Pfalz am 10. April 2006.

Bürgersteig, der Polizist. Er kniet auf seinem kleinen Gebetsteppich und verneigt sich betend in Richtung Mekka. Der Ruf des Muezzin ist gerade verklungen: «Gott ist groß. Neben Gott ist kein anderer Gott. Er ist barmherzig. Kommt zum Gebet!»

Wir fahren an dem betenden Polizisten vorbei auf unserem Weg zum Flughafen von Amman, zum Rückflug von einer Studienreise durch Jordanien. Ich drehe mich nochmals um nach dem Polizisten, mit Ehrfurcht vor ihm, vor seiner Frömmigkeit.

Und ich muss an die junge muslimische Frau denken, die morgens auf ihrem Weg zur Moschee gesagt hat: «Das erste Gebet am Tag ist das einzige, zu dem ich hingehen kann. Tagsüber habe ich keine Zeit mehr. Irgendwie muss man den Tag doch beginnen. Und wenn man ihn mit Gott beginnt, gibt das Kraft für alles andere.»

Diese alltägliche Frömmigkeit beeindruckt mich immer wieder neu. Eine christliche Krankenschwester, die über 20 Jahre in einem islamischen Land gelebt hat, hat aus dieser Erfahrung heraus geschrieben: «Ich wollte Euch sagen, Euch, die Ihr diese Welt des Islam nicht kennt, welche Kraft es mir gibt, mit einem Volk von Gläubigen zusammenzuleben.

Durch meine Arbeit habe ich das Glück, mit armen und einfachen Menschen zusammenzukommen. Menschen, die alle fest an Gott glauben, mitunter vielleicht aus Gewohnheit, aber ein kleines bisschen genügt schon, um diesen Glauben wiederzuentdecken und zu stärken... Ich kann Euch nicht sagen, wie ich als Christin auf meine eigentliche Berufung durch dieses Volk hingewiesen werde, das mir den ganzen Tag lang Gott entgegenruft.»

Eine evangelische Reisegefährtin war auch sichtlich beeindruckt von dem am Straßenrand betenden Polizisten. Beim Weiterfahren sagte sie zu mir: «Schade, dass es bei uns Christen so etwas wie den Muezzin und seinen Gebetsruf nicht gibt.» «Doch», sagte ich, «gibt es. Es gibt in der katholischen Kirche das Angelus-Läuten, dreimal am Tag, am Morgen, am Mittag, am Abend. Dreimal am Tag werden wir damit zum Gebet eingeladen, zum »Engel des Herrn», einem kurzen Gebet in Erinnerung an die Verkündigung Jesu durch den Engel. Das ist eine Art kleines Tagzeiten-Gebet der Christen. Die Glocken rufen dazu auf – als eine Einladung, kurz innezuhalten und den Alltag zum Gebet zu unterbrechen.» Damit die Kraft des Gebets auch unseren Tag prägen kann.

Minarett und Glocken – beide rufen dazu auf, Gott die Ehre zu geben. Hören wir diese Einladung und nehmen wir sie wahr?

Die Kultur achten

Muslime, die bei uns leben, kommen aus einer anderen Kultur und haben aufgrund ihrer Religion auch andere Vorstellungen. Zur Wertschätzung gehört, dass wir sie in ihrem Anderssein achten und respektieren. Das braucht von uns Taktgefühl, Einfühlungsvermögen und Interesse.

Wenn wir im Umgang mit Muslimen gastfreundlich sein wollen und sie zu uns zum Essen einladen, ergibt das mit einiger Wahrscheinlichkeit für manche ein Gewissensproblem. Dürfen sie essen, was wir ihnen vorsetzen? Kennen wir ihre Speisevorschriften? Es versteht sich, dass wir unseren Gästen kein Bier, keinen Wein und auch kein Schweinefleisch anbieten sollen.

Ein weiterer Punkt, an dem unsere Kulturen auseinandergehen, ist die Frage der Kleidung. Von uns aus gesehen finden wir die Kleidung mancher muslimischer Frauen wenig ansprechend. Sie denken vielleicht ähnlich, wenn sie uns ansehen. Dazu kommt, dass Muslime oft die Kleidung westlicher Frauen als schamlos und unanständig betrachten. Wenn wir darum wissen, ist es Ausdruck unseres Respektes ihnen gegenüber, dass wir uns zurückhaltend kleiden, um keinen Anstoss zu geben.

Im gesellschaftlichen Umgang sind Mädchen und Frauen im Islam viel behüteter als bei uns. In islamischen Ländern werden Jungen und Mädchen schon ab der Vorpubertät strikt getrennt. Auch gehen Frauen in islamischen Ländern nicht alleine aus dem Haus. Frauen haben darum vor allem Kontakt mit Frauen und umgekehrt. Wenn wir das wissen, dann werden wir auch zurückhaltend sein mit Körperberührungen bei der Begrüssung.

5.2. Dialog – Gespräch

Christen und Muslime begegnen einander zu den unterschiedlichsten Anlässen: in der Schule, am Arbeitsplatz, in der Nachbarschaft oder im Wohnhaus … Bei diesen alltäglichen Begebenheiten zeigt es sich, ob wir in der Lage sind, miteinander zu reden und auch mit den Unterschieden umzugehen.

Das Wort «Dialog» – Austausch und Gespräch – wird oft ganz unterschiedlich verstanden. Echter Dialog bedeutet, auch von anderen zu empfangen. Wir haben bereits gesehen, dass eine der kostbarsten Lehren, die wir als Christen von den Muslimen empfangen können, die absolute Priorität Gottes ist, die auch die alltäglichen Aspekte des Daseins durchdringt.

Dialog bedeutet weiter, einander vorurteilsfrei kennenzulernen und den anderen zu verstehen suchen. Dabei geht es nicht darum von der Wahrheit abzuweichen. Denn über die Wahrheit kann man nicht verhandeln. Doch im Dialog können wir entdecken, dass wir vor Ort Probleme zu lösen haben, in deren Umsetzung wir übereinstimmen.

Strahlen der Wahrheit entdecken

Für die Kirche ist der Dialog mit den Anhängern der verschiedenen Religionen wichtig, um mit ihnen zum Gemeinwohl zusammenzuarbeiten. Das ermöglicht dann in bestimmten Bereichen *«gemeinsam einzutreten für Schutz und Förderung der sozialen Gerechtigkeit, der sittlichen Güter und nicht zuletzt des Friedens und der Freiheit für alle Menschen.» («Nostra aetate» Nr. 3).* Denn die Kirche selbst lehnt nichts von alledem ab, was in den verschiedenen Religionen wahr und heilig ist: *«Mit aufrichtigem Ernst betrachtet sie jene Handlungs- und Lebensweisen, jene Vorschriften und Lehren, die zwar in manchem von dem abweichen, was sie selber für wahr hält und lehrt, doch nicht selten einen Strahl jener Wahrheit erkennen lassen, die alle Menschen erleuchtet» («Nostra aetate» Nr. 2).* Dabei stützt sich die Kirche auf ein vom heiligen Thomas von Aquin oft gebrauchtes Wort, dass jede Wahrheit, von wem auch immer sie vorgebracht wird, vom Heiligen Geist komme.

Das ist auch ein wesentliches Ziel des Projektes «Weltethos», dessen Initiator der katholische Theologe Hans Küng ist.[125] Es ist ein Versuch, die Gemeinsamkeiten der Weltreligionen zu beschreiben und einige Grundforderungen aufzustellen, welche von allen akzeptiert werden. Als wichtiges Beispiel für die Gemeinsamkeiten in den Religionen nennt er das Prinzip der Goldenen Regel.[126]

So achtenswert diese Initiative auch ist und so wichtig sie für das Zusammenleben der Völker und Religionen auch wäre: Tatsache ist,

---

[125] «Diese eine Welt braucht ein Ethos; diese eine Weltgesellschaft braucht keine Einheitsreligion und Einheitsideologie, wohl aber einige verbindende und verbindliche Normen, Werte, Ideale und Ziele.» (Hans Küng)

[126] *«Alles, was ihr von anderen erwartet, das tut auch ihnen» (Mt 7,12).*

dass im Islam diese Reziprozität (d. h. Rechte, die bestimmte soziologische Gruppen beanspruchen, müssen diese auch anderen Gruppen gewähren) nicht eingehalten wird. Der Islam – zumindest aber einige islamische Länder - ist nicht bereit, die von ihm erhobenen Forderungen (bei uns Moscheen zu bauen) selber zu gewähren, indem bei ihnen Kirchen gebaut werden dürften.

Das Fundament für den Dialog

Damit es zu einem tieferen Gespräch und damit auch zum Austausch von dem kommen kann, was ein jeder für sich und eventuell auch für den anderen als wichtig erachtet, muss das Fundament für einen echten und fruchtbaren Dialog gelegt sein.

Dialog heisst nicht, dem anderen zu sagen, was er gerne hört und hören will. Das ist Schmeichelei. Echter Dialog erfordert Wahrheitsliebe um jeden Preis und Respekt vor dem anderen in seiner ganzen Überzeugung und Existenz.

Die erste Voraussetzung für einen fruchtbaren Dialog besteht im Bewusstsein der je eigenen Identität. Eine zweite Voraussetzung besteht im Wunsch, dem anderen den eigenen Standpunkt vollständig (das heisst auch in jenen Bereichen, die für den anderen schwierig oder gar verletzend sind) darzulegen und ebenso auch den Standpunkt des anderen in seiner ganzen Vielschichtigkeit kennenzulernen. Dies zu tun, um einander besser zu verstehen, ist ein wichtiges Ziel für den Dialog.

Grenzen des Dialogs

Dabei gilt es zu beachten, dass das Annehmen einer anderen Glaubenswahrheit schwierig ist für Menschen, die von ihrem Glauben und ihrer Sichtweise völlig überzeugt sind. Und da sind die Unterschiede von Anfang an fundamental. Denn im Grunde ist und bleibt der Muslim davon überzeugt, dass der Islam die letzte und endgültig offenbarte Religion ist, dass sowohl das wahre Judentum als auch das echte Christentum im Koran enthalten sind und dass Juden wie Christen ihre heiligen Schriften verfälscht haben. Genauso ist auch der Christ von seiner eigenen Wahrheit überzeugt.

Und ebenso ist es für einen Muslim unvorstellbar, dass es ausserhalb des dem Menschen von Gott übergebenen religiösen Gesetzes (der Scharia) noch ein Naturrecht (auf dem die Menschenrechte beruhen) geben soll, das der Scharia übergeordnet ist. Und da merken wir, dass zwei sehr unterschiedliche Sichtweisen aufeinandertreffen.

Während Papst Benedikt XVI. zum Dialog ermutigt, weist er zugleich auch unablässig auf die Notwendigkeit hin, den Respekt vor den Menschenrechten zu fördern, unter denen er das Recht auf Religionsfreiheit (wozu auch die Glaubens- und Gewissensfreiheit gehört) an die erste Stelle stellt. Die Religionsfreiheit beinhaltet sowohl die Möglichkeit, sich zu seinem eigenen Glauben zu bekennen, als auch das Recht, einen anderen Glauben anzunehmen. So müssen wir im Dialog auch auf die schwierige Situation von Christinnen und Christen in manchen islamischen Staaten aufmerksam machen. Dafür dürfen allerdings nicht die hiesigen Muslime verantwortlich gemacht werden.

Um nicht als selbstgerecht zu erscheinen, werden wir zunächst von dem reden, was Christen den Muslimen angetan haben (Kreuzzüge, Kolonisierung von islamischen Ländern). Davon müssen wir uns deutlich distanzieren und dies bedauern.[127] Dann werden wir die Muslime darauf hinweisen, dass wir uns dafür einsetzen, dass sie ihren Glauben bei uns in Freiheit leben können. Sodann werden wir sie bitten, die Verwandten und Bekannten in ihren Herkunftsländern zu beeinflussen, damit auch dort den Christen die Freiheit gewährt wird, nach ihrem Glauben zu leben.

5.3. Mission – Verkündigung des Evangeliums

Mission ist die Vermittlung der liebenden Zuwendung Gottes in Tat und Wort. Sie entspringt letztlich dem Herzen des Dreieinigen Gottes, der schenkende Liebe ist. Sie will dem Menschen zeigen, dass er nach dem Bild Gottes geschaffen ist und welchen Sinn sein Leben hat. Sie will dem Menschen das Angesicht Gottes zeigen und ihn in die Gemeinschaft mit Ihm einführen. Christliche Mission ist dadurch Ausdruck der wahren Liebe zum Nächsten. Die Herrlichkeit Gottes in der wahren Liebe leuchtet besonders dort auf, wo wir bereit sind, um des Evangeliums und der Liebe willen zu leiden. Vorbild dafür ist Jesus selbst!

---

[127] Vgl. nochmals: *«... Da es jedoch im Lauf der Jahrhunderte zu manchen Zwistigkeiten und Feindschaften zwischen Christen und Muslim kam, ermahnt die Heilige Synode alle, das Vergangene beiseite zu lassen, sich aufrichtig um gegenseitiges Verstehen zu bemühen ...» («Nostra aetate» Nr. 3).*

Die Verkündigung des Evangeliums ist deshalb die Hauptaufgabe der Kirche: *«Unablässig aber verkündet sie und muß sie verkündigen Christus, der ist «der Weg, die Wahrheit und das Leben» (Joh 14,6), in dem die Menschen die Fülle des religiösen Lebens finden, in dem Gott alles mit sich versöhnt hat» («Nostra aetate» Nr.2).* Jeder Mensch hat das Recht, das Evangelium von der Liebe Gottes und der Erlösung durch Jesus Christus zu hören. Dabei ist Jesus im Islam nicht der völlig Unbekannte, doch der Verkannte, der in den Dienst des Islam gestellt wurde.

Wie können wir Muslime, die hier bei uns leben, mit dem Evangelium vertraut machen? Der Weg geht nur über die Liebe und das persönliche Zeugnis!

Der wichtigste Schritt: Freundschaft leben

Der Weg zum Herzen eines Menschen beginnt im eigenen Herzen. Die eigene Liebe zur anderen Person führt dazu, dass ich anfange, für sie zu beten und Gottes Segen zu erbitten.

Aus der Herzenszuneigung heraus wächst ein Interesse an ihrer Person. Ich beginne dann aktiv eine Beziehung aufzubauen. Wenn eine menschliche Beziehung wächst, dann bleibt es gar nicht aus, dass man auch auf tiefere Dinge zu sprechen kommt. Und dann werden sich Gelegenheiten ergeben, wo wir erzählen können, was uns im Glauben geschenkt wurde.

Wer ein liebendes Herz für die Mitmenschen hat und in dem Gottes Liebe zu den Menschen brennt, der wird jede sich ergebende Gelegenheit wahrnehmen, seinen Glauben zu bezeugen – dem Nebenmann im Bus oder Zug, dem Anhalter, den man mitnimmt, dem Nachbarn oder Arbeitskollegen.

Oft sind Muslime offen für Gespräche über den Glauben. Dennoch wird ein Muslim in der Regel unserer Botschaft zunächst sehr zurückhaltend und misstrauisch zuhören, bis er uns für glaubwürdig und aufrichtig genug hält. Vertrauen wächst auch nicht an einem Tag. Es kann eine Hilfe sein, ihm deutlich zu machen, dass wir alle als Menschen letztlich im gleichen Boot sitzen. Wir möchten doch leben, wie Gott es sich für uns gedacht hat. Wir möchten Gott gefallen und ihm die Ehre geben. Wir haben die gleichen religiösen Bedürfnisse, auch wenn unsere Überzeugungen unterschiedlich sind.

Eine Erfahrung

Wie können wir unseren Glauben zur Sprache bringen, wenn Interesse dafür da ist? Grundsätzlich sollte man nie den Islam oder gewisse Personen angreifen, sondern das Evangelium positiv darlegen. Letztlich muss der Heilige Geist selbst das Licht der Wahrheit schenken.

Albrecht Hauser, der zehn Jahre als Pfarrer in Pakistan lebte, kann uns mit dem folgenden Erlebnis einige Hinweise geben: «*Nie werde ich die Begegnung mit einem pakistanischen Geschäftsmann im Zug zwischen Multan und Rawalpindi vergessen. Da der Zug schrecklich überfüllt war, suchte ich mir im Speisewagen einen Platz. Ein Geschäftsmann fragte, ob er sich zu mir setzen könne. Die nächsten 400 km verflogen im Nu. Ich zahlte ihm den Tee, er mir das Essen.*

Wir stellten uns selbstverständlich ausführlich gegenseitig vor. Er fragte mich sehr früh im Gespräch nach meinem Glauben und teilte mir seine Fragen und Zweifel des eigenen Glaubens mit. Auf manche Fragen, die ihn umtrieben, hatte ich keine Antwort, denn es ging auch um die Frage der Ungerechtigkeit des Leidens und des Bösen in unserer Welt. Ich versuchte ihm zu verdeutlichen, wer Jesus Christus war und ist, und dass er lebt, ja den Tod überwunden hat, warum sein Kreuz und seine Auferstehung so zentral und die Mitte unseres Glaubens sind. Ich schilderte ihm, wie wir die Menschwerdung Gottes in Jesus Christus verstehen. Der Islam lehnt ja die Leidensfähigkeit Gottes kategorisch ab. So verdeutlichte ich ihm, dass es das Geheimnis der Liebe ist, dass Gott leidensfähig ist, und dies sei keineswegs als Schwäche zu verstehen, sondern verdeutliche die unbeschreibliche Liebe Gottes gegenüber seinen Geschöpfen. Das Kreuz ist der Ort erfahrbarer Vergebung und Versöhnung. Durchs Kreuz sei es auch möglich, mit offenen und unbeantworteten Fragen zu leben. Gerade auch die Theodizee-Frage (die Frage: Wie kann Gott so etwas zulassen?) könne hier zur Ruhe kommen. Der Glaubende wisse sich in Gottes Liebe gehalten, ohne gleich alle Fragen ergründend beantwortet haben zu müssen.

Wir sprachen über die Bibel und die Übersetzung des Wortes Gottes, und er sagte mir, wie es ihn störe, dass er das «Salat» (das offizielle liturgische Pflichtgebet der Muslime) nicht in Paschtu, der Muttersprache und Sprache seines Herzens, sondern in Arabisch aufsagen müsse.

Am Ende unserer Reise sagte mein Gegenüber: ‚Nach diesem Gespräch bin ich nicht mehr der gleiche Muslim, aber Sie wohl auch nicht der gleiche Christ'. Noch tagelang habe ich für diesen Menschen im Gebet gerungen, dass Gottes Geist das Wunder des Glaubens wecken möge.»[128]

Auf Widerstände gefasst sein

Normalerweise haben Muslime gegenüber der Botschaft des Christentums vielfältige Widerstände. Das hat zuerst damit zu tun, dass in der Regel Muslimen von Kindheit an eingeimpft wird, dass der Islam dem Christentum überlegen und die einzig wahre Religion sei. Dazu kommt auch ein Dominanzdenken, das die meisten Muslime verinnerlicht haben, so im Sinn: Der Islam muss herrschen! Das führt zu einem tief verwurzelten Misstrauen gegenüber allem Christlichen.

Dieses Misstrauen wird einerseits genährt durch das schlechte Image, das das Christentum aufgrund seiner Geschichte (Kolonialismus, Kreuzzüge usw.) hat und andererseits auch durch falsche Aussagen über die Bibel, die dem Muslim durch islamische Theologen vermittelt werden. Dies bewirkt dann oft einen Argwohn gegenüber der christlichen Botschaft.

Dazu kommt, dass Muslime in unserer Gesellschaft meist nur ein Zerrbild des christlichen Glaubens erleben. Da für Muslime nach ihrem Verständnis Religion und Gesellschaft eins sind und sie die «christliche Gesellschaft» im «christlichen Westen» betrachten, folgern sie daraus, dass Säkularismus und Materialismus, Unmoral und Unglaube den eigentlich christlichen Lebensstil darstellen. Da ist es entscheidend, dass sie lernen, die Begriffe «christlich» und «westlich» zu unterscheiden.

Innerer Widerstand nimmt jedoch meist ab, wenn ein Muslim merkt, dass vieles, was er sieht, nicht seinen angelernten Vorstellungen entspricht. Er wird dann auch entdecken, dass die Bibel eine Botschaft enthält, die auch seine tiefsten, von Gott ins Herz gelegten Bedürfnisse und Sehnsüchte erfüllen kann.

Dazu kommt, dass heute in vielen islamischen Ländern die Einfuhr von Bibeln verboten ist und an einigen Orten bereits der Besitz einer Bibel strafbar ist. Die starke Abriegelung nach aussen und

---

[128] Zitiert nach: Salzkorn 1/2005 S. 33–34.

die starren Festlegungen nach innen führen dazu, dass Muslime in einer geschlossenen Gesellschaft auf Wunder angewiesen sind. Und Wunder geschehen tatsächlich! So gibt es an mehreren Orten in der islamischen Welt im Untergrund eine Jesusbewegung, die nicht von Menschen initiiert wurde. Jesus lässt es sich scheinbar nicht nehmen, dort, wo Menschen nach der Wahrheit suchen, sich selbst zu offenbaren.[129] Mehr als 25% derjenigen Personen, die sich dem Christentum zugewandt haben, bezeugen, dass der entscheidende Ausgangspunkt ihrer Zuwendung zum Christentum ein Traum, eine Vision … gewesen sei.

«Bete, bete, bete!» – Hassan hört die Stimme Jesu

Ich bin in der Türkei aufgewachsen. Als ich klein war, interessierte ich mich sehr für Gott. Ich las viel über Allah, ging oft in die Moschee und betete häufig. In der Türkei lernte ich meine Frau kennen. Darauf bin ich in die Schweiz gekommen. In der Schweiz war am Anfang alles sehr gut für mich, doch mit der Zeit kamen dann mehr und mehr Probleme. Zuerst hatte ich Streit mit meinen Kollegen und dann gab es solche Schwierigkeiten mit meiner Frau, dass diese mich verliess.

Da fühlte ich mich ganz alleine in der Schweiz. Ich hatte niemanden hier. Ich war total fertig und am Boden zerstört. Ich wollte mir mit Medikamenten das Leben nehmen. So blieb ich zwei Tage zu Hause. Doch trotz der Medikamente bin ich nicht gestorben und wusste nicht, weshalb und wozu ich jetzt noch lebte. Ich fühlte mich sehr müde und legte mich ins Bett. Es war Nacht.

Als ich die Augen zumachte, sah ich nach wenigen Sekunden ein grosses, hell erleuchtetes Fenster, ein Gesicht und eine Hand, die durch das Fenster auf mich zeigte. Und ich hörte eine Stimme, die zu mir sagte: «Bete, bete, bete!» Ich wusste nicht, wer da zu mir gesprochen hatte. So ging ich auf den Balkon, um nachzuschauen. Doch niemand war zu sehen. Doch dann sah ich, wie die Sterne durch die Wolken hindurch auf die Erde herunter fielen und dazu noch viele Sternschnuppen. Ich war zunächst völlig irritiert und

---

[129] Mehr dazu vgl.: Christine Darg, Wunder unter Muslimen. Die Jesus-Visionen. Verlag Gottfried Bernard, DE-Solingen 2008.

fragte: «Mein Allah, was willst du mir zeigen? Was soll das bedeuten?» Dann sah ich wieder das gleiche Fenster und das gleiche Gesicht und die Hand, die sich zu mir ausstreckte. Wieder sagte die Stimme zu mir: «Bete, bete, bete!» Dieses Erlebnis hat mich tief berührt und hinterliess in mir ein tolles Gefühl.

Darauf schrieb ich meinem Schwager in Amerika ein SMS und hatte anschliessend mit ihm über diese Erfahrung am Telefon gesprochen. Er meinte, dass Jesus zu mir gesprochen haben könnte. Mich berührte dies tief. In der Folge betete ich zum allerersten Mal zu Jesus. In dieser Nacht spürte ich seine grosse Liebe. Das war keine Religion mehr, sondern einfach Liebe. Ich habe diese Liebe angenommen und mich entschieden, Jesus als meinem Gott von nun an zu vertrauen.

Seitdem hat sich vieles in meinem Leben verändert. Ich weiss, dass ich nicht mehr alleine bin und dass Jesus mich liebt. Viele Ängste waren wie weggeblasen. Das führte auch dazu, dass sich mein Verhalten änderte. Vorher betrog ich meinen Chef mit den Arbeitszeiten, doch nun fragte ich mich: «Wieso mache ich das? Was bringt mir das?» Ich hatte einfach das Gefühl, dass ich mit meinem Chef darüber reden sollte. So ging ich ohne Angst zu meinem Chef und bekannte meine Sünde.

Eines Nachmittags spürte ich, dass ich auf die Knie gehen sollte. Ich tat es, und als ich meine Augen zumachte, sah ich Jesus vor mir stehen. Er berührte meine Haare. Dabei spürte ich ganz tief in meinem Herzen, dass er mich liebt. Dann sagte er mir, dass er mich liebe und ich auch mich selbst lieben soll. Darauf wurde mir klar, dass ich mir nichts Schlechtes antun darf. Früher hatte ich mich mehrmals selbst geschnitten, um mir das Leben zu nehmen. Ich trank viel Alkohol. Aber nun wusste ich, dass ich wertvoll bin, Gottes geliebtes Kind, sein Sohn.

Ich habe immer noch viele Probleme. Jesus zeigt mir, dass ich mit ihm reden und all meine Probleme vor ihn hinlegen kann. Dadurch spüre ich mitten in meinen Problemen Frieden und die Zuversicht, dass alles gut wird.

Was Muslime zum Christentum hinzieht

Wir erleben, dass Muslime Christen werden. Was bewegt sie zu solchen Schritten? Muslime, die Christen geworden sind, nennen folgende Gründe:

- das Lesen des Neuen Testamentes
- die Erfahrung der Liebe der Christen, die mit ihnen Kontakt pflegten
- die Heilsgewissheit (die Gewissheit, gerettet und für immer in Gottes Liebe zu sein)
- die Möglichkeit einer persönlichen Beziehung zu Gott
- die Persönlichkeit Jesu Christi
- Visionen und Träume (ca. ¼ bezeugen, dass ein inneres Erlebnis für sie entscheidend war)

Immer aber brauchen solche Menschen Personen, die sie dann Schritt für Schritt in die Gemeinschaft der Christen, der Kirche, einführen.

Was zum Islam hinzieht

Es gibt auch die gegenteilige Bewegung bei uns, nämlich, dass getaufte Menschen zum Islam übertreten. Menschen, die bei uns aufgewachsen sind und den Islam angenommen haben, nennen unter anderem als Gründe:

- der muslimische Partner.
- die Konsequenz, Ernsthaftigkeit und Prinzipientreue, mit der Muslime ihren Glauben leben. Muslime treten auf – auch in der Öffentlichkeit.
- Der Islam bietet eine Religion an, in der alles genau geregelt ist. Er gibt genaue Vorgaben, was man in religiöser Hinsicht tun muss. Und dies mitten in einer Gesellschaft, in der Unverbindlichkeit, Relativismus und Freiheit als Tugenden gefeiert werden.
- Der muslimische Glaube ist «dogmatisch» einfach, mit dem Glauben an die Einzigartigkeit Gottes und Mohammed als seinen Propheten.
- Ein weiterer Grund ist das Dazugehören. In einer Gesellschaft, in der die Einsamkeit wächst, die Einpersonenhaushalte zunehmen und viele sich als überflüssig vorkommen, bleibt die innere Sehnsucht nach Geborgenheit in einer verlässlichen Familie und das

Muslime beindrucken durch ihr öffentliches Einstehen und Bezeugen ihres Glaubens.

Dazugehören zu einer festen Gemeinschaft oft unerfüllt. Das scheinen muslimische Familien und die islamischen Gemeinden (Umma) zu bieten, wo weltweit dieselbe Liturgie vollzogen wird und dieselben Regeln gelten.

Die Situation von Bekehrten beachten

Wenn ein Muslim sich bekehrt, getauft wird und sich einer christlichen Gemeinde anschliesst, wird er in den meisten Fällen Schwierigkeiten mit der eigenen Familie und unter Umständen sogar Verfolgung erleiden. Obgleich der Islam nach aussen hin gerne von Toleranz in Sachen des Glaubens redet (Sure 2,256 versichert, dass kein Zwang in Glaubenssachen ausgeübt werden solle), ist doch das Gegenteil der Fall. Ein Muslim, der Christ wird, erleidet damit meist eine völlige Ablehnung von Eltern, Kindern, Brüdern, Schwestern und Freunden. Er bringt nach deren Verständnis Schmach und Schande über seine Familie und wird aus dem Familienverband ausgeschlossen.

Deswegen ist es entscheidend wichtig, dass eine Gemeinde neubekehrten Muslimen ein neues Zuhause, eine neue «Familie» und Kontakte zu neuen Freunden vermittelt. Diese besondere Zuwendung sollte sich auch dann fortsetzen, wenn der Reiz des Neuen abgeklungen ist. Muslime kommen aus einem engen Familienverband und brauchen diese Geborgenheit auch dann, wenn sie schon einige Jahre in der Pfarrei sind. Wird diese soziale Heimat vernachlässigt, dann können sie in ihrer Einsamkeit in Versuchung kommen, wieder zum Islam zurückzukehren.

Gebet

Löse uns, Heiliger Geist,
von Angst vor Fremdem und Unbekanntem.
Löse uns, Heiliger Geist,
von aller Befangenheit gegenüber anderen Kulturen.
Löse uns, Heiliger Geist,
von aller Anpassung an öffentliche Trends, die Deinen Absichten zuwiderlaufen.
Öffne uns, Heiliger Geist,
für die verborgenen Sehnsüchte unserer Mitmenschen.
Öffne uns, Heiliger Geist,
für die Wege, auf denen Du ihnen das Licht des Evangeliums bringen möchtest.
Öffne uns, Heiliger Geist,
für Deine Sicht und gib uns Mut, neue Schritte zu wagen.
Amen

6. Das Vorbild der Heiligen

Heilige zeigen, wie das Evangelium konkret gelebt werden kann. Das gilt auch für Heilige, die dem Islam begegnet sind. Drei Personen wollen wir kurz betrachten, um von ihnen Impulse zu erhalten, wie wir heute den Muslimen begegnen können.

6.1. Franz von Assisi und der Islam

Am Pfingstreffen der Brüder 1219 bekräftige Franziskus vor 3'000 Brüdern, dass er nach zwei gescheiterten Versuchen (wegen Krankheit und Schiffbruch) in den Jahren 1212 und 1214 nun persönlich nach Ägypten reisen wolle. Dies in der politisch brisanten Zeit der Kreuzzüge. Franziskus wollte mit seiner Reise die Bekehrung des Sultans, Frieden und ein verändertes Verhalten der Kreuzfahrer erreichen.

Die Begegnung des heiligen Franziskus mit dem Sultan

So bestieg Franz von Assisi kurz nach dem Pfingstfest des Jahres 1219 in Ancona ein Schiff, das ihn mit seinem Mitbruder Illuminatus nach Ägypten, nach Akko, brachte, um von dort weiter nach Damiette zu reisen. Ein Heer christlicher Kreuzfahrer unter dem Oberbefehl von Kardinal Pelagius belagerte damals die Festung Damiette. Die brutale Wirklichkeit und der beidseitige religiöse Fanatismus muss Franziskus in seinem Idealismus geschockt haben. Franziskus stellte die Kreuzfahreridee in Frage. Er sagte die Niederlage der Christen am 29. August 1219 voraus. Danach wurde eine kurzfristige Waffenruhe vereinbart.

Mit seiner Hartnäckigkeit durchquerte Franziskus zusammen mit seinem Mitbruder ohne Waffen die militärischen Fronten.[130] Auf dem Weg stürzten sich sarazenische Soldaten auf sie. Sie wurden schwer misshandelt, schliesslich aber doch vor den Sultan Al-Malek al Kámil (1218–1238), dem damaligen Oberhaupt des Islam, gebracht.

[130] Von einem Chronisten wurde vermerkt, dass Franziskus die Erlaubnis, unbewaffnet den Sultan aufzusuchen, von Kardinal Pelagius erst nach langem Zögern und auf eigene Gefahr hin erhielt.

Bei dieser Begegnung versuchte Franziskus, seinen Glauben dem Sultan verständlich zu machen.[131] Franziskus predigte dem Sultan unerschrocken mit dem ihm eigenen Feuer das Evangelium. Der Sultan war sichtlich berührt von der Kraft des Geistes dieses Gottesmannes und bat ihn, einige Zeit bei ihm zu bleiben. Als schliesslich alles Reden – trotz des Interesses des Sultans - nicht zu dessen Bekehrung führte, schlug Franziskus ein Gottesurteil (über ein Feuer zu gehen) vor, damit Gott selbst zeige, welcher Glaube der richtige sei. Doch der Sultan wollte dies nicht riskieren und lehnte ab.

Auch wenn diese Begegnung nicht zur Bekehrung des Sultans führte, so war jener doch vom Mut und von der Aufrichtigkeit des Franziskus sehr angetan. Der Sultan bot Franziskus Geschenke an, die dieser jedoch ablehnte. Dies beeindruckte den Sultan wiederum sehr. Als Franziskus erkannte, dass er weder eine Bekehrung noch das Martyrium erlangen konnte, brach er das Gespräch ab. Zum Abschied soll der Sultan Franziskus noch um sein Gebet gebeten haben, damit er den richtigen Glauben erkennen könne. Nach einer Überlieferung hatte Franziskus vom Sultan als einziges Geschenk das elfenbeinerne Horn des Muezzin angenommen, mit dem er dann später das christliche Volk zum Gebet zusammengerufen haben soll.

Folgen dieser Erfahrung

Auch wenn Franziskus keines seiner Ziele erreicht hatte und in diesem Sinn die gefährliche Reise nach Ägypten für ihn ein grosser Misserfolg war, brachte diese Begegnung mit dem Islam ihm doch die wesentlichen Erkenntnisse: Christliche Mission muss gewaltlos und ohne Verkettung mit politischer Macht und deren Interessen geschehen. Das wollte er nun umsetzen.

So hielt Franziskus nach seiner Rückkehr am Ziel fest, das Evangelium den muslimischen Menschen zu verkündigen. Doch er änderte die Strategie. So schrieb er in der ersten Regel im 16. Kapitel, welches die Aussendung von Missionaren zum Islam im Blick hat, folgenden Abschnitt: «Die Brüder aber, die unter die Sarazenen und

[131] Diese offenherzige Begegnung von Franziskus mit dem Sultan ist bis heute wegweisend geblieben. Das zeigt sich auch darin, dass Papst Johannes Paul II. 1986 erstmals Vertreter verschiedener Religionen ausgerechnet nach Assisi zu einem Friedensgebet eingeladen hat.

andere Ungläubige gehen wollen, können in zweifacher Weise unter ihnen geistlich wandeln: Eine Art besteht darin, dass sie weder Streit noch Zank beginnen, sondern um Gottes willen jeder menschlichen Kreatur untertan sind und bekennen, dass sie Christen sind.

Die andere Art ist die, dass die Brüder, wenn sie sehen, dass es dem Herrn gefällt, das Wort Gottes verkünden: Sie (die Ungläubigen) sollen glauben an den allmächtigen Gott, den Vater und den Sohn und den Heiligen Geist, den Schöpfer aller Dinge, an den Sohn, den Erlöser und Retter, und sie sollen sich taufen lassen und Christen werden.» Als Leitwort für dieses Kapitel diente ihm folgender Vers aus dem Evangelium: *«Seht, ich sende euch wie Schafe mitten unter die Wölfe; seid daher klug wie die Schlangen und arglos wie die Tauben!» (Mt 10,16)*

Nach der Regel des Franziskus sollen Minderbrüder (so werden die Brüder genannt) also zuerst und vor allem anderen suchen, jedem Geschöpf um des gütigen Gottes willen in untergebener (dienender) Haltung zu begegnen und dadurch Jesus Christus zu bezeugen. Diese franziskanische Haltung besteht darin, den muslimischen Geschwistern im Geist der Anbetung und Liebe zu dienen. Dann aber fügte Franziskus hinzu, dass sie klar bekennen sollen, dass der christliche Glaube sie zu diesem Verhalten anrege *(vgl. 1 Petr 2,13; 4,16)*. Die von Franziskus empfohlene Klugheit lud weiter den Bruder dazu ein, jeden Disput, jedes theologische Streitgespräch zu vermeiden. Hier kam die Lebenserfahrung des Heiligen zum Tragen. Der Text der Regel wurde dahingehend ausgearbeitet, dass nichts darin steht, was Muslime verletzen könnte und um dessentwillen Brüder von den Muslimen getötet werden könnten.[132]

Franziskus als Modell

Franziskus lagen die Muslime sehr am Herzen. Es waren für ihn Menschen, welche die Frohe Botschaft nicht kennen. Sie hatten noch nie von Gottes grosser Liebe zu ihnen und von seiner Erlösung durch Jesus Christus gehört. Es waren Menschen, die von Gott geliebt sind, das aber nicht wissen.

Damit die Muslime Gottes Liebe zu ihnen kennenlernen können, hat Franziskus Brüder zu ihnen geschickt. Diese sollten ihnen

---

[132] In Marokko und Tunesien wurden vor einigen Jahren Brüder getötet, weil sie Mohammed verspottet hatten.

Gottes Liebe und Erbarmen sichtbar machen. Wie? Drei Aspekte wollen wir betrachten:

Begegnung suchen

Franziskus ist auf den Sultan zugegangen. Er hatte ein aufrichtiges Interesse am Gespräch mit ihm und hatte dafür auch einiges riskiert. Auf unsere Situation übertragen könnte man sagen: Es braucht die innere Bereitschaft dazu, aktiv auf einzelne Menschen zuzugehen, aufmerksam zu werden für die Möglichkeiten einer Begegnung, die sich mitten im Alltag und mitten in den ganz normalen Abläufen auftun können. Wenn die Begegnung gelingen soll, muss von uns her ein echtes Interesse am Andern da sein.

Franziskus sah in den Muslimen Menschen, die Gott suchten. Er war geleitet von einem grossen Respekt vor dem, was den anderen heilig war. Seine Absicht war, ihnen als Alternative zu Druck und Angst vor Allah, die Freiheit und Freude des Lebens der Kinder Gottes anzubieten.

Beispielhaft leben

Franziskus kam ohne Waffen zum Sultan und liess sich auch von dessen Soldaten ohne Gegenwehr schlagen. Er hat den Sultan vor allem dadurch überzeugt, dass er das vorlebte, was ihm der Glaube bedeutete. Franziskus war sogar bereit, für seinen Glauben durchs Feuer zu gehen und für seine Haltung getötet zu werden.

Franziskus hat diesen Glauben leidenschaftlich und zugleich absolut friedfertig und versöhnlich bezeugt. Franziskus lebte, was er sagte. Er stand zu seinem Glauben mit allen Konsequenzen. Er war lauter und uneigennützig, sowohl in der Auseinandersetzung mit den Heerführern, die nur die eigenen Interessen vor Augen hatten, als auch vor dem Sultan. Seine Motive und Ziele legte er offen dar. Dabei setzte er vor allem auf das Gespräch von Mensch zu Mensch. So konnte er Vorurteile abbauen und echte Begegnung ermöglichen.

Uns kann dies zum Nachdenken anregen: Wie zeigt sich mein christlicher Glaube in den grossen und kleinen Lebensentscheidungen? Wie viel Leiden bin ich bereit, für Christus auf mich zu nehmen? Wie offen bin ich für die Menschen, die Jesus besonders am Herzen liegen: die Menschen, die in irgendeiner Not sind – materiell, seelisch oder geistig?

Sich ganz in die Sendung einlassen

Franziskus handelte bewusst im Auftrag Gottes. Er wich weder in Worten noch in seinem Verhalten von dem ab, was er als richtig erkannt hatte. Er zeigte keine Furcht, Konflikte offenzulegen oder Unverständnis und Ablehnung zu ernten. In all dem vertraute er darauf, dass die Kraft des Evangeliums sich dann durchsetzen würde, wenn die von Gott gegebene Zeit und Gnade dafür da sind. Das schenkte ihm eine bleibende Offenheit und ein Vertrauen auch dann, als er keinen Erfolg sah.

Für uns heisst dies: Immer und zuerst ist Jesus Christus für uns da. Er sorgt sich um uns und liebt uns. Er ist der Herr unseres Dienstes. Wir müssen nie alleine wirken, und es hängt auch nicht alles von uns allein ab. Wir tun unser Möglichstes und überlassen den Erfolg ihm. Das macht uns gelassener und offener. Dann können wir es auch aushalten, wenn eine Begegnung schwierig ist, wenn alles erfolglos erscheint und wenn sich unüberwindbar scheinende Gräben auftun. Wir dürfen im Vertrauen leben, dass unser Beitrag unentbehrlich ist, und dass sogenannter Misserfolg in den Augen Gottes lediglich ein «aufgeschobener Erfolg» ist.

Dienende Liebe, Sendung, Klugheit, Arglosigkeit und vor allem das Vertrauen auf die Vorsorge Gottes... sind Aspekte, die für das Verhalten von Franziskus und seinen Brüdern im Umgang mit Muslimen wegweisend waren. Wir brauchen heutzutage nicht mehr gefährliche Reisen zu unternehmen, um ihnen zu begegnen, denn sie leben bei uns. Viele von ihnen sind eingebürgert. Andere leben als Gastarbeiter oder als Asylanten bei uns.

Was wissen wir von ihnen als unsere Mitmenschen? Wo werden sie akzeptiert und geliebt? Oft weder in ihren Herkunftsländern noch hier bei uns, wo sie vielleicht schon als zweite oder dritte Generation leben. Oft sind sie zwischen zwei Kulturen zerrissen und ein Stück weit entwurzelt und heimatlos. Manche können unsere Sprache nicht und leben als Aussenseiter in einer Gesellschaft, in der sie sich nur schwerlich zurechtfinden. Und doch sind gerade sie von Gott geliebt, auch wenn sie das nicht wissen. Wie können wir sie diese Liebe erfahren lassen?

6.2. Charles de Foucauld: Als Bruder aller dem Evangelium den Boden bereiten

Charles de Foucauld wurde als Kind reicher Eltern am 15. September 1858 in Strassburg im Elsass geboren. Mit sechs Jahren wurde er Vollwaise und wuchs beim Grossvater auf. Als Jugendlicher entfernte er sich immer mehr von seinem christlichen Glauben und konnte dank des Erbes seiner Eltern sein Leben nach Lust und Laune geniessen.

1876 trat er in den Militärdienst ein. Sechs Jahre später verliess er das Militär, weil die militärische Disziplin nicht zu seinem Lebensstil passte. Darauf unternahm er eine wissenschaftliche Forschungsreise durch Marokko (1883-1884), deren Studienresultate ihm hohe Anerkennung einbrachten. Dort lernte er den Islam kennen. Der Glaube der Muslime, ihre Frömmigkeit und ihre Gastfreundschaft berührten ihn: «Der Islam hat in mir eine große Erschütterung bewirkt ... Angesichts dieses Glaubens und von Menschen, die in ständiger Gegenwart Gottes leben, ahnte ich, dass es etwas Größeres und Wahreres geben musste, jenseits der Geschäftigkeit der Welt».

Zurückgekehrt nach Europa begann er zu suchen. Durch seine Cousine, Marie de Bondy, lernte er in Paris Abbé Huvelin kennen. Im Oktober 1886 suchte er ihn in der Kirche St. Augustin auf, um mehr vom christlichen Glauben zu erfahren. Doch statt eines Unterrichts forderte der Abbé ihn auf: «Beichten Sie!» Dieser Augenblick wurde für Charles de Foucauld zu einer tiefen Erfahrung der Gegenwart Gottes und zum Wendepunkt seines Lebens: «Sobald ich glaubte, dass es einen Gott gibt, wurde mir klar, dass ich nichts anderes tun konnte, als für ihn allein zu leben.»

In der Folge schloss er sich den Trappisten an und lebte von 1890–1897 als Mönch in den Klöstern «Notre Dame des Neiges» in der Ardèche und in Akbès in Syrien. Das Leben als Trappist war ihm aber nicht radikal und arm genug, und so verliess er am Vorabend seiner Ewigen Gelübde die Trappisten. Er ging nach Nazaret, um dort als Hausdiener im Kloster der Klarissen zu leben. Drei Jahre lang führte er in der Verborgenheit ein Leben des Gebetes und der einfachen Arbeit. Er wollte ganz das verborgene Leben Jesu in Nazaret nachahmen.

Einsiedler in der Sahara

Im Jahre 1900 fuhr Charles de Foucauld nach Frankreich und wurde ein Jahr später, am 9. Juni 1901, mit 43 Jahren in Viviers zum Priester geweiht. Er erhielt vom Bischof die Erlaubnis, sich in Beni Abbès in der Wüste niederzulassen. Seine Pläne hatte er in einem Brief an seine Schwester so zusammengefasst: «Ich gehe in den Süden der Provinz Oran, an die marokkanische Grenze zu einer der französischen Garnisonen, die keinen Priester haben. Das Ziel ist ein Doppeltes. Erstens: Zu verhindern, dass unsere Soldaten an diesen Orten, wo viele dem Fieber erliegen, ohne die Sakramente sterben. Zweitens: Vor allem der so zahlreichen und so vernachlässigten muslimischen Bevölkerung so viel Gutes wie möglich zu tun, indem ich ihnen Jesus bringe in Gestalt der Eucharistie, so wie Maria Johannes den Täufer segnete, indem sie ihm Jesus brachte».

In Beni Abbès zog er das lange weisse Gewand der Landbevölkerung an und heftete darauf ein von einem Kreuz überragtes rotes Herz. Am Ledergürtel trug er den Rosenkranz. Bruder Charles führte ein Leben des Gebetes, der Arbeit und der Nächstenliebe. Er war gleichzeitig Einsiedler und Bruder aller. Die Gastfreundschaft und die Hilfsbereitschaft des seltsamen Einsiedlers sprach sich bald herum. Bald wurde er täglich von ca. 70 bis 80 Besuchern, Armen, Kranken, Kindern, Sklaven, Bettlern, Durchreisenden oder von französischen Soldaten in Anspruch genommen. Schon sehr bald nannten ihn die Bewohner ihren «Bruder», seine Hütte die «Bruderschaft».

Am Pfingstfest, am 31. Mai 1903, bekam Bruder Charles in Beni Abbès den Besuch seines Bischofs Monsignore Guérin. Im Gespräch forderte ihn der Bischof auf, sich noch stärker der Evangelisierung der islamischen Welt zu widmen. Bruder Charles sagte: «Sie fragen, ob ich bereit sei, für die Ausbreitung des Evangeliums Beni Abbès zu verlassen? Ja, dazu bin ich bereit, bis ans Ende der Welt zu gehen und bis zum Jüngsten Tag zu leben.» Zugleich war er Realist: «Die Tätigkeit eines Verkündigers der Frohbotschaft in islamischen Ländern kann nicht darin bestehen, sich bloss der Kinder (Schulen etc.) anzunehmen, vielmehr ist es nötig, sich um die Bekehrung der Erwachsenen zu kümmern. ...». Die Evangelisierung der Erwachsenen brauche viel Gebet und Geduld und könne nur «durch liebevolle Gespräche, die sich nur auf Gott und die natür-

Bruder Charles de Foucauld (1858–1916) vor seiner Eremitage

liche Religion beziehen» erfolgen. Dazu gehörte für ihn auch die Erziehung der Einwohner zur Arbeit. Nach diesem Besuch machte sich Bruder Charles mit noch grösserem Eifer daran, nach konkreten Mitteln zu suchen, um den Menschen in der Sahara Christus zu bringen.

Unter den Tuareg

1904 verliess Bruder Charles Beni Abbès und zog tiefer ins Innere der Sahara nach Tamanrasset, einer kahlen und phantastischen Mondlandschaft, in der die Tuareg wohnen. Hier baute er eine neue Eremitage aus Steinen und Schlamm. Bruder Charles war sich bewusst, dass zunächst Vertrauen aufgebaut werden musste, bevor er überhaupt über religiöse Themen sprechen können würde. So lernte Bruder Charles Tamaschek, die Sprache der Tuareg, erstellte ein 2'000 Seiten umfassendes Wörterbuch dieser Sprache und sammelte Gedichte und Fabeln dieses Volkes, um diesen Menschen nahe zu kommen. Und es gelang ihm: Seine natürliche, herzliche Freundlichkeit und seine Milde öffneten Bruder Charles die Herzen der Tuareg und vertieften zunehmend das Vertrauen zu seiner Person. So wurde er von ihnen bald «Marabout» genannt, wie Muslime Einsiedler und Heilige nennen.

Grundlegend war für Bruder Charles das Gebet: «Ich sehe keine andere Pflicht, als für sie zu beten, ihre Liebe zu erringen, ihnen gelegentlich mit Vorsicht gute Ratschläge zu geben. Das ist sehr wenig, mehr kann man jetzt nicht tun.» Durch sein beständiges Gebet und seine grosse Liebe zu den Wüstenbewohnern machte Bruder Charles Christus sichtbar und erfahrbar. So wurde dieser schweigsame und betende Priester zum Freund, zu einem geistigen Führer der Tuareg.

Eine Folge der grossen Wertschätzung war ein sehr enges Vertrauensverhältnis zwischen Bruder Charles und seinen muslimischen Freunden. Öfters wurde er zum Schlichter in Streitfällen bestellt. Die Tuareg spürten: Dieser christliche «Marabout» ist ein Mann des Gebetes. Er lebt aus einem anderen Gesetz, aus der Liebe Gottes. Die muslimischen Streitparteien hatten das Vertrauen, dass Bruder Charles für sie richtig entscheiden würde, und zwar nicht nach ihren herkömmlichen, oft grausamen Gesetzen, sondern um sie miteinander zu versöhnen und ihnen eine neue Chance des Miteinanders zu ermöglichen.

Charles de Foucauld lebte ab 1904 in einer Einsiedelei auf dem Assekrem-Plateau (2780 m) im Hoggar (80 km von Tamanrasset entfernt), mitten unter den Tuareg.

Bruder Charles sah seinen Weg und sein Tun nicht als eine Methode zur Bekehrung der Menschen an. Er wollte nur Werkzeug sein, Christi Liebe und Botschaft leben, bezeugen und darauf vertrauen, dass Gott sein Werk durch das Wirken des Heiligen Geistes tun wird. Auf seinem missionarischen Weg machte er selbst einen Wandlungs- und Reifeprozess durch. Denn sein wahres Interesse am Leben und an der Kultur der Tuareg formte ihn selber. Für ihn wurde immer deutlicher: Je mehr man Gott liebt, umso mehr liebt man die Anderen, und diese beiden Formen der Liebe werden in Gott eins. So verstand er sich als «Urbarmacher für das Evangelium». Er sprach davon, dass sich die Tuareg «vielleicht in 200 Jahren» bekehren könnten.

Sein Tod

Am 1. Dezember 1916, während des Ersten Weltkriegs, wurde seine von ihm in Tamanrasset errichtete Klause von plündernden Tuareg und Aufständischen besetzt. Bruder Charles sollte verschleppt werden, um zu verhindern, dass er militärisch wertvolle Informationen an die Armee weiterleitete. Als in einiger Entfernung überraschend fremde Reiter auftauchten, geriet einer der Bewacher in Panik und erschoss Bruder Charles.

Nach der Ermordung Charles de Foucaulds schrieb der hochangesehene Führer der Tuareg, Moussa Agamastane, in einem Brief an dessen Schwester, Frau de Blic: «Sowie ich vom Tod unseres Freundes, Ihres Bruders Charles, erfuhr, haben sich meine Augen geschlossen; alles ist dunkel für mich; ich habe geweint, und ich habe viele Tränen vergossen, und ich bin in grosser Trauer.» Dieser grosse menschliche Herrscher der Tuareg war kein Mann der Gefühle. Und doch war er zutiefst betroffen vom Tod seines Freundes.

Bruder Charles wurde ihr Freund und dies, obwohl die Tuareg als streng gläubige Muslime die Christen nicht zu Freunden nehmen dürften (vgl. Sure 5,51). Doch die Liebe Jesu, die von ihm ausströmte, war grösser! Das zeigt sich auch daran, dass fast 90 Jahre nach seinem Tod bei seiner Seligsprechung am 13. November 2005 in Rom auch mehrere Angehörige von Tuareg-Stämmen an der Feier teilnahmen.

Weshalb ist Bruder Charles nach seiner Priesterweihe in die Wüste aufgebrochen, in ein Land, wo so viele «Brüder und Schwestern Jesu» leben, die Jesus noch nicht kennen? Die Antwort heisst: aus Liebe, weil der Gott und Vater Jesu jeden Menschen ganz persönlich liebt. Diese Liebe wollte er bezeugen. So hat Bruder Charles sein Leben für diese Menschen hingegeben als Weizenkorn, das in die Erde fällt.

6.3. Josephine Bakhita: «Der Herr hat mich geliebt!»

Bakhita wurde im Dorf Olgossa in der westsudanesischen Provinz Darfur ca. 1870 geboren. Der Sudan ist der grösste Staat Afrikas. Der Grossteil der Bevölkerung im Norden ist islamisch. Ca. 20% der Sudanesen im Süden sind christlich. Die Eltern von Bakhita gehörten einer ursprünglich afrikanischen Religion an. Ihr Vater war der Bruder des Dorfchefs.

Als Kindersklavin gequält

Im Alter von sechs oder sieben Jahren wurde sie von arabischen Sklavenjägern verschleppt und in den folgenden acht Jahren fünfmal auf Sklavenmärkten verkauft. Das Trauma der Entführung liess sie ihren eigenen Namen vergessen, sodass heute nur der Name von ihr bekannt ist, der ihr von den Sklavenjägern gegeben wurde (Bakhita ist das arabische Wort für «glücklich»).

Was sie aber dann erlebte, war alles andere als glücklich: Sie musste in den folgenden Jahren verschiedenen Herren als Sklavin dienen, die sie brutal behandelten. Sie wurde geschlagen, gefoltert, bis aufs Blut gegeisselt. Da es üblich war, Sklaven zu tätowieren, musste sie auch diese Prozedur über sich ergehen lassen: 114 Schnitte mit dem Rasiermesser am ganzen Körper, deren offene Wunden mit Salz eingerieben wurden, damit sie nicht zuheilten. Als Folge davon musste sie einen Monat lang unter grössten Qualen auf einer Matte liegen bleiben. Sie sagt später: «Ich bin damals nur deswegen nicht gestorben, weil der Herr an mir ein Wunder getan hat, und weil er mich für grössere Dinge bestimmt hat.»

Nach Italien – der Weg ins Licht

Bakhitas letzter Käufer war der italienische Konsul Callisto Legnani, der sie gut behandelte und sie freilassen wollte, sie (die mittlerweile 16-Jährige) dann aber doch seinem Freund Augusto Michieli übergab. So kam sie nach Italien und wurde Kindermädchen von Michielis Tochter Mimmina. In Italien lernte sie den christlichen Glauben kennen. Als sie das erste Mal ein Kreuz sah, fragte sie: «Was hat dieser Mann verbrochen, dass er so behandelt wurde?» «Nichts, er wollte für uns sterben aus Liebe zu uns und auch für dich!» Nach den Jahren härtester Sklaverei war das für sie eine ganz neue Erfahrung: «Ich werde geliebt, und zwar von einem Herrn, der ebenso geschlagen und gepeinigt wurde wie ich.» Diese Erfahrung war für sie unwiderstehlich: Sie wollte allein diesem Herrn dienen, aber nicht aus Zwang, sondern ganz freiwillig und aus Liebe.

Ca. 1888 wurden Bakhita und Mimmina in die Obhut der Canossianischen Schwestern in Venedig gegeben, weil die Michielis aus geschäftlichen Gründen ans Rote Meer zogen. 1890 empfing Bakhita die Taufe und nahm den christlichen Namen Giuseppina Margarita (Josephine Margaret) an. An diesem Tag war sie überglücklich. Oft sah man sie den Taufbrunnen küssen und sagen: «Hier bin ich eine Tochter Gottes geworden.»

Als die Michielis ihre Tochter und Bakhita wieder zu sich nach Hause nehmen wollten, weigerte sich Bakhita. Frau Michieli versuchte sie durch das Gericht zurück zu zwingen. Doch da das Gericht feststellte, dass Bakhita gesetzlich nie Sklavin gewesen sei, konnte Bakhita, inzwischen volljährig geworden, nun das erste Mal selbst über ihr Leben bestimmen. Sie entschied sich, bei den Canossianerinnen zu bleiben.

Eintritt in den Orden

1896 trat sie dem Orden endgültig bei und wurde 1902 einem Haus in Schio in der norditalienischen Provinz Vicenza zugeteilt. Ausser der Zeit zwischen 1935 und 1938, wo sie in Mailand bei der Vorbereitung junger Schwestern für die Tätigkeit in Afrika half, blieb sie bis zu ihrem Tod in Schio. Während 45 Jahren war Giuseppina meist an der Pforte des Klosters tätig und hatte so regen Kontakt zur Bevölkerung. Ihre Freundlichkeit, ihre angenehme Stimme und ihr stetiges Lächeln wurden sehr geschätzt. Noch heute kennt man sie in Vicenza als «la nostra madre moretta», «unsere kleine braune Mutter».

Ihr Orden erkannte ihr besonderes Charisma und regte sie an, ihre Memoiren niederzuschreiben und über ihre Erlebnisse zu sprechen. Das machte sie in ganz Italien bekannt.

«Der Herr hat mich geliebt!»

Man hat Bakhita einmal gefragt: «Was würden Sie tun, wenn Sie plötzlich den Sklavenhändlern begegnen würden?» Sie sagte:

«Würde ich den Sklavenhändlern begegnen, die mich geraubt haben, und denen, die mich gefoltert haben, dann würde ich mich niederknien und ihnen die Hände küssen. Wenn das alles nicht passiert wäre, würde ich heute nicht Christin und Ordensschwester sein.»

Bakhita hat einen Gott erfahren, der sie durchs Leben getragen hat, noch bevor sie ihn kannte. Im Licht des Glaubens erkannte sie, dass ihr Schicksal nicht Zufall war. Sie erkannte darin die Führung durch einen Gott, der sie liebt. Sie staunte, dass sie alle körperlichen Qualen überlebt hatte, dass sie so oft verkauft wurde, bis sie schliesslich zu jenem italienischen Herrn kam, der sie nach Italien mitnahm. Weiter erfüllte sie mit Dankbarkeit und Staunen, dass sie als afrikanische Sklavin die Freiheit erhielt, den christlichen Glauben kennenlernen konnte und dann noch die Berufung zum Ordensleben erhielt. Wenn sie ihre Geschichte erzählte, begann sie immer mit diesen Worten: «Der Herr hat mich geliebt!»

Papst Benedikt XVI. schrieb über sie in seiner Enzyklika «Über die Hoffnung» (spe salvi): *«Als Bakhita Christus kennenlernte, hatte sie Hoffnung; nicht mehr bloß die kleine Hoffnung, einen weniger grausamen Herrn zu finden, sondern die große Hoffnung: Ich bin definitiv geliebt, und was immer mir geschieht – ich werde von dieser Liebe erwartet. Und so ist mein Leben gut.»*

Die letzten Jahre

Ihre letzten Lebensjahre waren von Schmerz und Krankheit geprägt. Doch stets behielt sie ihre Fröhlichkeit. Gefragt, wie es ihr gehe, lächelte sie stets: «Wie der Herr es wünscht». In ihren letzten Tagen war sie geistig zurückversetzt in ihre Jahre in der Sklaverei und schrie in ihrem Delirium, «Bitte, lockert die Ketten... sie sind so schwer».

Josephine Bakhita starb am 8. Februar 1947. In den drei Tagen, in denen ihr Leichnam aufgebahrt war, kamen Tausende, um ihr Respekt zu bekunden. Am 1. Oktober 2000 wurde sie heiliggesprochen und damit die heilige Josephine Bakhita. Sie wird als erste afrikanische Ordensfrau und moderne afrikanische Heilige mit besonderer Beziehung zu Sklaverei und Unterdrückung verehrt und gilt als Schutzpatronin der Katholischen Kirche im Sudan.

Wie Bakhita war Ayout als Kind versklavt worden. Als 13-Jährige konnte Ayout im Dezember 2010 freigekauft werden. Überglücklich umarmt sie ihre Grossmutter. Ihre Mutter Achol Akot ist noch immer Sklavin und wird zur Feldarbeit gezwungen, während ihr Vater in der Sklaverei ermordet wurde.

Leid und Elend heute

Das Sklavenschicksal von Bakhita hat sich in den letzten Jahrzehnten tausendfach im Sudan wiederholt. So schrieb die «Washington Post» am 2. April 2010, dass im Nordsudan heute noch mehrere Zehntausend Sklaven festgehalten werden. Einige wie z. B. Ayout konnten freigekauft werden.

Es gibt kaum einen Südsudanesen, der nicht von einer baldigen Unabhängigkeit von der arabisch-islamistischen Hauptstadt Khartum träumt. Im Januar 2011 erhielten die Menschen im Süden die Gelegenheit, ihr Recht auf Selbstbestimmung wahrzunehmen und einen neuen Staat auf die afrikanische Landkarte zu setzen.

Fast 99 Prozent des armen Südsudan stimmten der Unabhängigkeit vom Norden und damit der Trennung in zwei Staaten zu. Die formelle Unabhängigkeitserklärung des Südsudans ist auf den 9. Juli 2011 angesetzt. Sudans Präsident Omar El-Baschir anerkannte das Abstimmungsergebnis und kündigte an, den Nordsudan in einen «islamischen Staat» zu verwandeln. Ob dies zu einer Verbesserung der Sklavensituation im Nordsudan beitragen wird, bleibt hingegen fraglich.

7. Fragen und Antworten

7.1. Ist Mohammed aus christlicher Sicht ein echter Prophet?

Mehr als eine Milliarde Menschen verehren Mohammed als den Propheten. Und als Folge davon bekennen sich diese Menschen zum Monotheismus. Ist Mohammed dadurch aber schon ein echter Prophet?

Fast jedes Buch des Neuen Testamentes warnt vor Irrlehrern. Ein Beispiel aus dem Markus-Evangelium: *«Wenn dann jemand zu euch sagt: Seht, hier ist der Messias!, oder: Seht, dort ist er!, so glaubt es nicht! Denn es wird mancher falsche Messias und mancher falsche Prophet auftreten und sie werden Zeichen und Wunder tun, um, wenn möglich, die Auserwählten irrezuführen. Ihr aber, seht euch vor! Ich habe euch alles vorausgesagt» (Mk 13,21–23).* Auch Paulus hat oft mit deutlichen Worten vor Irrlehren und falschen Aposteln gewarnt: *«Kein Wunder, denn auch der Satan tarnt sich als Engel des Lichts» (2 Kor 11,14).*

Zur Unterscheidung gibt uns das Neue Testament selbst einige Kriterien. So schreibt Johannes: *«Wer ist der Lügner - wenn nicht der, der leugnet, dass Jesus der Christus ist? Das ist der Antichrist: wer den Vater und den Sohn leugnet. Wer leugnet, dass Jesus der Sohn ist, hat auch den Vater nicht; wer bekennt, dass er der Sohn ist, hat auch den Vater» (1 Joh 2,22–23).* Und weiter: *«Traut nicht jedem Geist, sondern prüft die Geister, ob sie aus Gott sind; denn viele falsche Propheten sind in die Welt hinausgezogen. Daran erkennt ihr den Geist Gottes: Jeder Geist, der bekennt, Jesus Christus sei im Fleisch gekommen, ist aus Gott. Und jeder Geist, der Jesus nicht bekennt, ist nicht aus Gott» (1 Joh 4,1–3).* Mit *«im Fleisch gekommen»* ist die Menschwerdung Gottes gemeint.

Der Engel Gabriel sagte zu Maria: *«Fürchte dich nicht, Maria; denn du hast bei Gott Gnade gefunden. Du wirst ein Kind empfangen, einen Sohn wirst du gebären: dem sollst du den Namen Jesus geben. Er wird groß sein und* ***Sohn des Höchsten*** *genannt werden. Gott, der Herr, wird ihm den Thron seines Vaters David geben. Er wird über das Haus Jakob in Ewigkeit herrschen und seine*

Herrschaft wird kein Ende haben. Maria sagte zu dem Engel: Wie soll das geschehen, da ich keinen Mann erkenne? Der Engel antwortete ihr: Der Heilige Geist wird über dich kommen, und die Kraft des Höchsten wird dich überschatten. Deshalb wird auch das Kind heilig und ***Sohn Gottes*** *genannt werden» (Lk 1,30–35).*

Hier spricht der Engel Gabriel vom Sohn des Höchsten und vom Sohn Gottes. Auf der anderen Seite soll der gleiche Engel Gabriel Mohammed mehrmals gesagt haben, dass Gott keinen Sohn habe. Das passt nicht zusammen. Die Schlussfolgerung ist klar: Es kann nicht beide Male der wirkliche Engel Gabriel gewesen sein! Einmal muss es wohl derjenige Engel gewesen sein, der sich – nach den Worten von Paulus – «als Engel des Lichts» tarnt, oder es handelte sich um Halluzinationen. Jedenfalls hat die Kirche bis heute Mohammed nicht als echten Propheten Gottes anerkannt.

7.2. Wie sieht der Islam die Christen?

Im Koran werden hauptsächlich vier Gruppen neben den eigentlichen Adressaten (den Muslimen) angesprochen: Die Schriftbesitzer (Juden und Christen), die Leugner, die Heuchler und die Polytheisten. Der Koran als Zeugnis für den absoluten Monotheismus grenzt die Polytheisten, aber auch die Leugner und Heuchler eindeutig aus.

Im Koran gibt es verschiedene Aussagen über die Schriftbesitzer und den Umgang mit ihnen. Die eher positiven Aussagen gehören mehrheitlich zur Zeit Mohammeds in Mekka, die anderen zur Zeit in Medina.

Positive Aussagen

«Und du wirst sicher finden, daß diejenigen, die den Gläubigen in Liebe am nächsten stehen, die sind, welche sagen: ‚Wir sind Nasara' (d. h. Christen). Dies deshalb, weil es unter ihnen Priester und Mönche gibt, und weil sie nicht hochmütig sind.» (Sure 5,82)

«Wenn die Leute der Schrift (ebenfalls) glauben würden (wie ihr), wäre es besser für sie. Es gibt (zwar) Gläubige unter ihnen. Aber die meisten von ihnen sind Frevler.» (Sure 3,110)

«Unter den Leuten der Schrift gibt es (auch) eine Gemeinschaft, die (andächtig im Gebet) steht, (Leute) die zu (gewissen) Zeiten der

Nacht die Verse Gottes verlesen und sich dabei niederwerfen. Sie glauben an Gott und den jüngsten Tag, gebieten, was recht ist, verbieten, was verwerflich ist, und wetteifern (im Streben) nach den guten Dingen. Die gehören zu den Rechtschaffenen.» (Sure 3,113–114)

«Unter den Leuten der Schrift gibt es welche, die an Gott glauben und an das, was zu euch, und was (früher) zu ihnen (als Offenbarung) herabgesandt worden ist. Dabei sind sie demütig gegen Gott und verschachern die Zeichen Gottes nicht. Denen steht bei ihrem Herrn ihr Lohn zu. Gott ist schnell im Abrechnen.» (Sure 3,199)

«Diejenigen, die glauben (d. h. die Muslime) und diejenigen, die dem Judentum angehören, und die Christen und die Sabier, - (alle) die, die an Gott und den jüngsten Tag glauben und tun, was recht ist, denen steht bei ihrem Herrn ihr Lohn zu, und sie brauchen (wegen des Gerichts) keine Angst zu haben, und sie werden (nach der Abrechnung am jüngsten Tag) nicht traurig sein.» (Sure 2,62)

Negative Aussagen

«Ihr Leute der Schrift! Warum verdunkelt ihr die Wahrheit mit Lug und Trug, und verheimlicht sie, wo ihr doch (um sie) wißt?» (Sure 3,71)

«Sie möchten gern, ihr wäret (oder: würdet) ungläubig, so wie sie (selber) ungläubig sind, damit ihr (alle) gleich wäret. Nehmt euch daher niemand von ihnen zu Freunden, solange sie nicht (ihrerseits) um Gottes willen auswandern! Und wenn sie sich abwenden (und eurer Aufforderung zum Glauben kein Gehör schenken), dann greift sie und tötet sie, wo (immer) ihr sie findet, und nehmt euch niemand von ihnen zum Freund oder Helfer!» (Sure 4,89)

«Kämpft gegen diejenigen, die nicht an Gott und den jüngsten Tag glauben und nicht verbieten (oder: für verboten erklären), was Gott und sein Gesandter verboten haben, und nicht der wahren Religion angehören – von denen, die die Schrift erhalten haben – (kämpft gegen sie), bis sie kleinlaut aus der Hand Tribut entrichten!» (Sure 9,29)

Zusammenfassend kann man wiederum die Zwiespältigkeit der Aussagen des Korans erkennen: Je nach Situation und Absicht haben Muslime die Möglichkeit, sich mehr auf die einen oder auf die anderen Verse zu berufen.

Leben als Dschimmi

In muslimischen Staaten haben die Christen die Möglichkeit den Islam anzunehmen oder als Schutzbürger (Dschimmi) die Kopf- und Grundsteuer zu bezahlen. Dadurch dürfen sie im Verborgenen ihren Glauben weiterhin praktizieren und haben folgende notwendige Verpflichtungen, die im 9. Jahrhundert der islamische Rechtsgelehrte Mawerdi[133] definierte:

1. Keine lügenhaften und verächtlichen Bemerkungen über den Propheten Mohammed machen.
2. Nicht mit Respektlosigkeit und Spott vom islamischen Kult sprechen.
3. Keine islamische Frau anrühren, weder in der Ausschweifung, noch unter dem Namen Ehe.
4. Nicht versuchen, einen Muslim von seinem Glauben abzubringen.
5. Nichts gegen Gut und Leben der Muslime unternehmen.
6. Die Feinde der Muslime nicht unterstützen und keine Spione beherbergen.

Wer eines dieser Verbote nicht beachtet, verliert den Schutz der islamischen Gemeinschaft und kann hingerichtet werden. Dann gibt es noch weitere Verpflichtungen, deren Nichtbeachtung Strafe nach sich ziehen können.

7.3. Gibt es einen Unterschied zwischen den Kriegen der Muslime und der Christen (z. B. die Kreuzzüge)?

Jahrhundertelang hat der Islam immer mehr christliche Gebiete erobert. Die Idee der Kreuzzüge entstand, als es mehr und mehr zu unzähligen Übergriffen auf Christen kam und verschiedene Kirchen unter den Fatimidenkalifen (996-1021) zerstört wurden. Besonders schmerzlich war der Beginn der Zerstörung der Grabeskirche am 28. September 1009. In den Jahren 1071-1076 verübten die Seldschuken Gräueltaten an christlichen Pilgern im Heiligen Land, nachdem schon (viel) früher Armenien, Byzanz, Kleinasien und auch Jerusalem erobert worden waren.

---

[133] Zitiert nach: Christentum und Islam. Zwei Welten im Widerspruch, 4. Auflage, Vinzentinische Nachrichten Nr. 111.

Als Reaktion darauf wurde 1095 durch Papst Urban II. zum ersten Kreuzzug aufgerufen. Dabei ist zu bedenken: Der Papst verkörperte damals nicht nur die kirchliche Macht, sondern zugleich auch eine politische Autorität und entschied auch in militärischen Fragen. 1099 fiel Jerusalem an die Kreuzritter. Jerusalem wurde dann später durch Sultan Saladin von Ägypten im Jahre 1187 zurückerobert. Dies hatte den dritten Kreuzzug unter Friedrich Barbarossa 1190 zur Folge. Dieser und alle folgenden Kreuzzüge – der letzte fand 1271 statt – schlugen nicht nur fehl, sondern hinterliessen eine Feindschaft zwischen Muslimen und Christen, die man heute noch spüren kann. Bei diesen Kriegen wurden auch von den christlichen Kämpfern viele Gräueltaten verübt und viel Unrecht begangen.

Kampf und Krieg

Während im Alten Testament auch Eroberungskriege des Volkes Israel als «Kriege Gottes» verstanden wurden, ist das Thema Krieg im Neuen Testament kein Thema mehr.

– Im Neuen Testament

Es gibt keine einzige Bibelstelle, in der Jesus seine Jünger auffordert, Krieg gegen Menschen zu führen. Im Gegenteil! Jesus hat sogar zur Feindesliebe aufgerufen: *«Ich aber sage euch: Liebt eure Feinde und betet für die, die euch verfolgen, …» (Mt 5,44).* Jesus hat sich aber auch gegen Ungerechtigkeiten gewehrt, jedoch nicht mit Gewalt. So gab er dem Knecht, der ihn ungerechtfertigt geschlagen hat, zur Antwort: *«Wenn es nicht recht war, was ich gesagt habe, dann weise es nach; wenn es aber recht war, warum schlägst du mich?» (Joh 18,23)* Und dann war Jesus bereit, als Märtyrer, als Zeuge für die Wahrheit gefoltert und getötet zu werden.

– Im Koran

Im Gegensatz zum Evangelium ist der Krieg ein Bestandteil der Botschaft des Korans selbst. Dazu einige Suren und Verse:

«Und kämpft gegen sie, bis niemand (mehr) versucht, (Gläubige zum Abfall vom Islam) zu verführen, und bis nur noch Gott verehrt wird» (Sure 8,39).

«Prophet! Feure die Gläubigen zum Kampf an! Wenn unter euch zwanzig sind, die Geduld (und Ausdauer) zeigen, werden sie über zweihundert, und wenn unter euch hundert sind, werden sie über tausend von den Ungläubigen siegen. (Das geschieht diesen) dafür, daß es Leute sind, die keinen Verstand haben» (Sure 8,65).

«Und wenn nun die heiligen Monate abgelaufen sind, dann tötet die Heiden, wo (immer) ihr sie findet, greift sie, umzingelt sie und lauert ihnen überall auf! Wenn sie sich aber bekehren, das Gebet verrichten und die Almosensteuer geben, dann laßt sie ihres Weges ziehen! Gott ist barmherzig und bereit zu vergeben» (Sure 9,5).

Dann können auch noch die bereits weiter oben erwähnten Verse genannt werden:

«Kämpft gegen diejenigen, die nicht an Gott und den jüngsten Tag glauben und nicht verbieten (oder: für verboten erklären), was Gott und sein Gesandter verboten haben, und nicht der wahren Religion angehören – von denen, die die Schrift erhalten haben – (kämpft gegen sie), bis sie kleinlaut aus der Hand Tribut entrichten!» (Sure 9,29)

«Sie möchten gern, ihr wäret (oder: würdet) ungläubig, so wie sie (selber) ungläubig sind, damit ihr (alle) gleich wäret. Nehmt euch daher niemand von ihnen zu Freunden, solange sie nicht (ihrerseits) um Gottes willen auswandern! Und wenn sie sich abwenden (und eurer Aufforderung zum Glauben kein Gehör schenken), dann greift sie und tötet sie, wo (immer) ihr sie findet, und nehmt euch niemand von ihnen zum Freund oder Helfer!» (Sure 4,89)

Wenn Christen Krieg (ausser zur Verteidigung) in der Vergangenheit geführt haben, haben sie gegen die Weisungen und das Vorbild Jesu Christi gehandelt. Im Islam sind hingegen Kampf und Krieg Teile des Korans und finden sich in den Weisungen und im Vorbild Mohammeds.

7.4. Wie ist die Stellung der Frau im Islam?

Islamische Autoren aller Richtungen weisen häufig darauf hin, dass Männern und Frauen im Islam die gleiche Würde zugesprochen sei. Allerdings hätten Mann und Frau von Gott verschiedene Aufgaben erhalten, und dies habe unterschiedliche Rechte zur Folge. Diese Rechte sehen jedoch in den einzelnen Ländern sehr unterschiedlich aus. So ist auch die Situation der Frau je nach Land und Gesellschaftsschicht sehr unterschiedlich. Dennoch können einige allgemeine Grundzüge festgestellt werden.

Aufgrund des Korans haben Frauen im Islam in mehrfacher Hinsicht weniger Rechte und sind dem Mann untergeordnet.

Grundsätzlich

Die Überlegenheit des Mannes über die Frau und seine Pflicht, sie zu beschützen, wird im Koran ausdrücklich formuliert. Sure 2,228 erklärt: «Die Männer sind den Frauen überlegen», oder wörtlich: «Und die Männer stehen (bei alledem) eine Stufe über ihnen», und in Sure 4,34 heisst es: «Die Männer stehen über den Frauen, weil Gott sie (von Natur vor diesen) ausgezeichnet hat und wegen der Ausgaben, die sie von ihrem Vermögen (als Morgengabe für die Frauen?) gemacht haben».

Der Koran begründet die Schutzherrschaft des Mannes über die Frau damit, dass der Mann die Familie ernährt.[134] Die Frau ist verpflichtet, dem Mann zu gehorchen. Wenn sie das nicht tut, hat der Mann das Recht die Frau zu schlagen, bis sie wieder Gehorsam leis-

[134] Doch heute kann es sein, dass viele Frauen berufstätig sind und nicht wenige sogar mehr verdienen als ihre Männer. Da zeigt sich einmal mehr, dass der Koran aus einer bestimmten kulturellen Situation stammt, die heute anders ist.

tet. Ein «Vertrag» legt die Rechte und Pflichten der Eheleute fest: Der Mann sorgt für die Bedürfnisse der Familie, die Frau dafür, dass der Haushalt gut funktioniert. Im sexuellen Bereich muss die Frau sich dem Mann immer zur Verfügung halten.

Ungleichheiten

Eine erste Ungleichheit besteht im Blick auf die Eheschliessung. Dem Mann wird die Möglichkeit eingeräumt, gleichzeitig bis zu vier Ehefrauen zu haben (Polygamie), während es der Frau untersagt ist, gleichzeitig mehr als einen Mann zu heiraten. Es gibt allerdings auch Länder wie die Türkei und Tunesien, in denen die Polygamie verboten ist.

Eine muslimische Frau darf keinen Nichtmuslim heiraten, während dies umgekehrt erlaubt ist. Das kommt daher, dass in der patriarchalischen Gesellschaft die Kinder immer die Religion des Vaters übernehmen. Deshalb vergrössert jede Mischehe (zwischen einem Muslim und einer Christin oder Jüdin) die muslimische Gemeinschaft und verkleinert die nichtmuslimische Gemeinschaft.

Der Ehemann hat die Möglichkeit, seine Frau zu entlassen. Die Frau dagegen kann dies nur in besonderen, schwerwiegenden Fällen tun. Die Leichtigkeit, mit der ein Mann seine Frau entlassen kann, kann wie ein Damoklesschwert sein, das über ihrem Kopf hängt. Und bei einer Entlassung muss die Frau einen anderen Mann suchen, der sie aufnimmt. Die Kinder «gehören» dem Vater. Er entscheidet über ihre Erziehung, auch wenn sie der Mutter anvertraut sind.

Eine weitere Ungleichheit besteht im Erbrecht: Die Frau erbt immer nur die Hälfte von dem, was ein männlicher Erbe bekommt. Juristisch gesehen ist eine nichtmuslimische Ehefrau in einer Mischehe überhaupt nicht berechtigt, ihren Mann zu beerben.

Ein weiterer Unterschied auf juristischer Ebene besteht darin, dass das Zeugnis eines Mannes so viel gilt wie das zweier Frauen.

Das Problem der Mischehen

Wenn in Europa geschlossene Mischehen geschieden werden, kann es in Bezug auf die Kinder dramatische Probleme geben. Aufgrund seiner muslimischen Prägung beansprucht der Mann das Recht über die Kinder. Wenn das Sorgerecht der Frau zugesprochen wird, kann es geschehen, dass der geschiedene Ehemann mit den

Kindern in sein Heimatland reist – vielleicht unter dem Vorwand, dort die Ferien zu verbringen oder die Kinder seiner Familie vorstellen zu wollen. Und dann weigert er sich, wieder nach Europa zurückzukehren. In einer solchen Situation ist es für die Frau unmöglich, ihre Kinder wieder zurückzubekommen, weil die Gesetze des Landes immer den muslimischen Partner bevorzugen.

7.5. Was wusste Mohammed vom Christentum?

Das ist schwierig zu beantworten. Vielleicht kommen wir auf folgende Weise der Wahrheit eine Spur näher: Christen werden im Koran als «Nasara», «Nazarener» / «Nazoräer» bezeichnet. Neuere Untersuchungen gingen nun der Frage nach, aus welchen neutestamentlichen Quellen die Hinweise über Jesus im Koran stammen könnten. Der Exeget Joachim Gnilka kommt dabei zum Schluss, dass einerseits das Matthäus-Evangelium bevorzugt wird und andererseits kein Hinweis auf die Briefe des Apostels Paulus zu finden sei. Dazu könnten hingegen noch apokryphe Evangelien eine Rolle gespielt haben.[135]

Von der Gruppe der «Nazarener» inspiriert?

Interessant ist nun die Feststellung, dass es mit dem Namen «Nazarener» schon früh eine jüdisch-christliche Gruppierung gab, die kurz vor der Zerstörung des Tempels im Jahre 70 aus Jerusalem geflohen war und für die genau dasselbe zutrifft: Sie lehnte Paulus ab und kannte lediglich das Matthäus-Evangelium.

Diese Nazarener verstanden sich als Christen und gleichzeitig als Juden und hielten deshalb am jüdischen Gesetz und an der Beschneidung fest. Ihnen standen die Ebioniten nahe, eine judenchristliche Gemeinschaft ausserhalb der Kirche, die auch am jüdischen Gesetz, dem Sabbat und an bestimmten rituellen Reinheitsvorschriften festhielten, aber die Gottessohnschaft Jesu leugneten. Aufgrund dieser Hinweise könnte man davon ausgehen, dass Mohammeds Wissen über Jesus von diesen Gruppen sowie von apokryphen Evangelien inspiriert worden ist.

---

[135] Als Apokryphen gelten in der kath. Kirche nicht vom Heiligen Geist inspirierte Schriften, die folglich nicht in den offiziellen Kanon der heiligen Schriften aufgenommen wurden.

Eine christliche Häresie?

Johannes von Damaskus (650–754) war ein berühmter Theologe und Kirchenvater. Seine Kritik am Islam, den er «die Häresien der Ismaeliten» nennt, ist in unserer Zeit von besonderer Bedeutung. Sie zeigt, dass am Anfang der Islam als christliche Häresie oder Sekte betrachtet wurde: «Von dieser Zeit bis in die Gegenwart war in ihrer Mitte ein falscher Prophet namens Mohammed. Dieser Mann hatte, nachdem er etwas vom Alten und Neuen Testament und ähnlichem gehört, und wie es scheint, Gespräche mit einem arianischen Mönch gehabt hatte, seine eigene Häresie ersonnen...»[136]

Zum Barnabas-Evangelium

Interessante Parallelen zum Jesus-Bild im Koran finden wir im sogenannten «Barnabas-Evangelium». Christliche Theologen, Historiker und auch einige islamische Gelehrte sehen in diesem Buch jedoch eine Fälschung aus dem 14. bis 16. Jahrhundert. Denn inhaltlich verlässt der Text die zentralen Aussagen des Neuen Testamentes: So stirbt z. B. nicht Jesus, sondern Judas am Kreuz.

Weil diese Schrift aber viel islamisches Gedankengut enthält, ist es zurzeit in vielen islamischen Ländern ein viel gelesenes Buch. Einige islamische Gelehrte ziehen das Barnabas-Evangelium gerne als Kronzeugen für ihre Theorie heran, in diesem Evangelium das eigentlich authentische Leben Jesu zu finden, welches dann im Lauf der Geschichte von den Christen – in der ihrer Meinung nach späteren Niederschrift der übrigen Evangelien – verfälscht worden sei.

7.6. Was ist eine Moschee?

Das arabische Wort für Moschee «masdjid» bedeutet «sich niederwerfen». Eine Moschee ist also der «Ort der Niederwerfung» vor Allah. Sie ist ein ritueller Ort des gemeinschaftlichen islamischen Gebets. Dennoch ist nach muslimischem Verständnis eine Moschee kein Sakralbau, sondern ein Multifunktions-Haus. Die Moschee ist der Ort, an dem die Gemeinschaft sich versammelt, um sich mit all-

---

[136] Passage aus Teil 2 des monumentalen Werkes: «Quelle des Wissens» mit dem Titel «Häresien in Epitome: Wie sie begannen und auf welche Ursprünge sie sich berufen», meist einfach «Häresien» genannt.

dem zu beschäftigen, was sie betrifft; mit dem Gebet, aber auch mit sozialen, kulturellen und politischen Fragen. Eine Moschee kann deshalb nicht mit einer christlichen Kirche gleichgesetzt werden.

Im Verlauf der Geschichte haben sich in Städten zwei Arten von Moscheen gebildet: Kleinere Moscheen für das tägliche Gebet (was als eine Art «Kapelle» bezeichnet werden könnte) und die «Freitagsmoschee», in der sich die Gemeinschaft am Freitag versammelt. Dort folgt auf das Gebet eine Ansprache des Imam, die aber nicht mit der Predigt eines Priesters während der Messe verglichen werden kann, weil sie die wichtigsten aktuellen – auch politischen – Fragen behandelt und somit weit über rein geistliche Aspekte hinausgeht. Viele politische Entscheidungen gehen von der Moschee und der am Freitag gehaltenen Ansprache aus. Deshalb muss unter anderem der Text dieser Ansprache in vielen muslimischen Ländern vorab den Zivilbehörden vorgelegt werden.

Die Moscheen haben meist ein Minarett, von dem aus der Muezzin zum Gebet ruft. Dies ist die praktische Funktion der Minarette. Deshalb sind sie etwas höher als die umliegenden Häuser. Neben dieser religiösen Funktion können sie auch Symbol für die Anwesenheit der Muslime und Symbol der Überlegenheit des Islam über die anderen Religionen sein.

Bei uns in Europa werden ein grosser Teil der Moscheen und islamischen Zentren von ausländischen Regierungen, besonderes von Saudi-Arabien, finanziert. Von dort her werden dann auch Imame ihres Vertrauens eingesetzt.

7.7. Was bedeutet das öffentliche Tragen eines Kopftuches?

Die Frage der Bekleidung hat einen Bezug zum Koran. Dieser weist darauf hin, dass die Geschlechtsteile (von Männern und Frauen) nicht zur Schau gestellt werden sollen. Solcher Anstand bedeutete angesichts der damaligen rohen und freizügigen Sitten der Nomaden einen kulturellen Fortschritt. Zur Zeit Mohammeds war die züchtige Kleidung einer Frau, besonders auch der Schleier, das Kennzeichen für eine vornehme Frau. Diese Bekleidung schützte sie auch vor willkürlichen sexuellen Übergriffen, denen Sklavinnen ausgesetzt waren.

Doch das Tragen des Kopftuches hat vom Ursprung her mit dem Islam als Religion nichts zu tun. Es handelt sich vielmehr um eine Volkstracht, die erst durch den muslimischen Gelehrten Ibn Taimia (1263–1328) einen religiösen Inhalt erhalten hat.

In neuerer Zeit ist das Tragen des Kopftuches zu einem zwiespältigen Symbol geworden. Es gibt viele Gründe für eine muslimische Frau, ein Kopftuch zu tragen: aus Gepflogenheit, als religiöses Bekenntnis, als individuellen Selbstausdruck (Kopftuch als Mode), als Vorschrift (z. B. aufgrund von Gesetzen in einigen islamischen Ländern wie dem Iran), als Symbol der Gruppenzugehörigkeit und auch als Ausdruck des Protestes.

So haben politisch engagierte Musliminnen das Kopftuch demonstrativ getragen, um ihren Protest gegen die französischen Kolonialherren Algeriens oder im Iran gegen den Schah zu zeigen. So wird z. B. in einigen islamischen Ländern das Kopftuch von den radikalen Bewegungen genutzt, um eine von der Regierungslinie abweichende Position sichtbar zu machen. Somit ist es kein Zufall, dass einige Regierungen (beispielsweise in Syrien, Tunesien oder der Türkei) das Tragen des Kopftuches in Schulen und öffentlichen Gebäuden ausdrücklich verboten haben, um dem zunehmenden Einfluss der radikalen Bewegungen entgegenzuwirken.

Der heutige Kopftuchstreit im weitgehend säkularisierten Europa kann so als ein Element der schleichenden Islamisierung Europas verstanden werden. Andererseits muss man auch anerkennen, dass viele Mädchen das Kopftuch aus persönlicher religiöser Überzeugung tragen. Für sie ist es ein Zeichen, öffentlich zu ihrer Religion zu stehen.

Diese Zwiespältigkeit macht den Umgang mit dem Kopftuch schwierig. Im Einzelfall kann man diese Frage wohl in einem klärenden Gespräch besser lösen als mit allgemeinen Regelungen.

7.8. Erlaubt der Islam Selbstmordattentate?

Fast täglich hören wir in den Nachrichten von Selbstmordattentaten, denen viele Unschuldige zum Opfer fallen. Das führt zur Frage: Haben diese Selbstmordattentate mit dem Islam zu tun, oder wird hier der Islam als Religion missbraucht? Diese Frage ist gar nicht so einfach zu beantworten.

Zwar verurteilt der Koran Gewalt an Unschuldigen (vgl. Sure 5,32) wie auch in Sure 4,29 den Selbstmord. Doch die Selbstmordattentäter betrachten sich nicht als Menschen, die Unschuldige töten oder Suizid begehen. Sie betrachten sich vielmehr als Menschen, die ihr Leben im Jihad, im «Einsatz für die Sache Gottes» (der sowohl friedlich als auch mit Gewalt gegen die Feinde des Islam vorangetrieben werden kann) hingeben.

Der Koran verspricht denjenigen, die im Jihad als Märtyrer sterben als grosse Belohnung den unmittelbaren Zutritt zum Paradies, wie Sure 3,195 zeigt: «Da erhörte sie ihr Herr (mit den Worten): Ich werde keine Handlung unbelohnt lassen (wörtlich: verloren gehen lassen), die einer von euch begeht, (gleichviel ob) männlich oder weiblich. Ihr gehört (ja als Gläubige) zueinander (ohne Unterschied des Geschlechts). Darum werde ich denen, die um meinetwillen ausgewandert und aus ihren Häusern vertrieben worden sind und Ungemach erlitten haben, und die gekämpft haben und (dabei) getötet worden sind, ihre schlechten Taten tilgen, und ich werde sie in Gärten eingehen lassen, in deren Niederungen (wörtlich: unter denen) Bäche fließen. (Das soll ihre) Belohnung von Seiten Gottes (sein). Bei Gott wird man (dereinst) gut belohnt.»

Während Muslime in Europa klar den Terror verurteilen, fällt dies den muslimischen Gelehrten in muslimischen Ländern oft schwer. Teilweise werden die Anschläge in den an den Westen gerichteten Aussagen in Englisch verurteilt und zugleich in für die muslimische Gemeinschaft gedachten Verlautbarungen in Arabisch begrüsst. Das hängt auch damit zusammen, dass innerhalb der «Umma», der Gemeinschaft aller Muslime, eine Pflicht zur Solidarität besteht, die verbietet, gegenüber Muslimen offen Kritik zu äussern und sich damit mit Nichtmuslimen zu solidarisieren.

(Mehr dazu vgl. Christine Schirrmacher in: Professorenforum-Journal 2005, Vol. 6, No. 2)

Ein christlicher Märtyrer erleidet wegen seines Eintretens für den Glauben und die Gerechtigkeit den Tod. Ein muslimischer Märtyrer kämpft aktiv für den Jihad und wird dabei getötet oder tötet sich selbst.

Yusuf – ein neuer Weg begann

Vor einigen Monaten lernte ich Yusuf kennen, der schon seit Jahrzehnten in der Schweiz lebt. Dabei erzählte er mir eine spannende Geschichte.

Wie hast du in der Türkei den Islam kennengelernt und praktiziert?

Als Kind hatte ich ein sehr grosses Interesse an der Religion. Mit 6 Jahren besuchte ich die Koranschule, hörte dann aber später wieder auf. Ich las viele Bücher über Mohammed und hörte gern von ihm. Mit 15 Jahren zog die ganze Familie in die Schweiz.

Wie ist es dazu gekommen, dass du Christ geworden bist?

Das ist eine lange Geschichte. Mit 20 Jahren lernte ich Christine, meine jetzige Frau, eine Schweizerin, kennen. Ich absolvierte dann den Militärdienst in der Türkei und kehrte wieder zurück. Einige Jahre später haben wir geheiratet. Nach der Heirat begannen die Probleme. Ich wollte schnell zu Geld kommen und begann zu spielen. Nach und nach wurde ich süchtig. Ich war fast immer von zuhause weg und geriet in immer grössere Schulden. 1981 musste ich erstmals einen Bankkredit aufnehmen. Doch auch dieser Betrag war schnell wieder weg. Das steigerte sich immer mehr.

Schliesslich nach zwei Jahren sah ich nur noch einen Ausweg: Selbstmord. Ich wollte ihn aber als Unfall vortäuschen, damit meine Familie (inzwischen war Ayla geboren) durch die Versicherung versorgt war. Als Muslim war ich mir bewusst, dass Suizid vor Allah nicht richtig ist. Und so betete ich in der letzten Nacht weinend: «Allah, hörst du mich? Ich weiss, es ist Sünde, aber ich sehe keinen andern Weg mehr. Bitte vergib mir!» Erschöpft schlief ich dann ein.

Als ich am andern Morgen durch das Telefon meiner Frau geweckt wurde, stellte ich etwas Merkwürdiges fest. Die Last auf meinem Herzen war weg. Ich spürte so etwas wie Hoffnung in mir. Inzwischen war Folgendes geschehen: Meine Frau hat durch die grosse Krise den Weg zu Jesus gefunden. Sie hatte mich auch in der Vergangenheit mehrmals eingeladen, Jesus kennenzulernen. Aber ich wollte nicht und sagte: «Ich bin Muslim, lass mich in Ruhe damit!» Doch sie und andere haben nicht aufgehört für mich zu beten. An diesem Morgen schaute sie mich an und fragte mich: «Yusuf, was ist passiert? Du bist anders, was ist geschehen?» Es war deutlich, dass die Anspannung der letzten Tage von meinem Gesicht gewichen war. Für Christine war das ein Zeichen, dass Jesus mich angerührt hatte und sie fragte mich: «Darf ich mit dir beten?». Etwas widerstrebend erlaubte ich es ihr.

Drei Wochen später reisten wir zu einem mehrtägigen christlichen Treffen ins Tessin. Dort berührte mich der Satz aus dem Johannes-Evangelium, wo Jesus sagte: «Ich und der Vater sind eins» (Joh 10,30). Darauf entschied ich mich, Jesus in mein Leben einzuladen und meine Zukunft ihm anzuvertrauen. Ein Jahr später liess ich mich dann taufen. Ich war erfüllt von der Liebe Gottes.

Wie ist dann der Weg weitergegangen?

Doch dann gab es einen schweren Rückfall. Eigentlich wollte ich nur schnell in jenem Lokal einen Kaffee trinken. Doch die Kollegen überredeten mich «nur zu einem kleinen Spielchen, nichts weiter». Ich konnte nicht widerstehen und geriet wieder in die alte Situation, noch schlimmer als vorher. Mehr als zwei Jahre zog mich nochmals die Spielerei in den Bann. Zwar ging ich am Sonntag mit den Christen zur Kirche, doch innerlich war ich gespalten. Ich führte ein Doppelleben. Wenn ich an diesem Restaurant vorbeigehen wollte, zog es mich wie einen Magneten hinein. Ich konnte nichts machen.

Mittlerweile hatte ich Schulden in fünfstelliger Höhe. Meine Frau und Christen aus verschiedenen Kirchen, die mich kannten, beteten viel für mich. Wieder nahm ich an einer christlichen Freizeit in den Bergen teil, diesmal allein. Es war eine Fastenwoche. Dort begegnete ich Männern und Frauen, die mich ermutigten, über mein Problem zu beten. Darauf bekannte ich vor Gott alle meine Fehler. Dabei wurde mir auch Schuld aus meiner Vergangenheit bewusst. Dafür bat ich Jesus Christus um Vergebung. Das war der «Befreiungsschlag». Der Bann des Glückspiels war gebrochen.

Total verändert kam ich nach Hause. Meine Frau konnte es kaum fassen. Ich war ein anderer Mensch, denn mit der Spielsucht war auch meine Nikotinsucht weg. Es zog mich nicht mehr in jenes Lokal und es ergaben sich gute Wege, um die Schulden zu bezahlen. Zwar musste ich noch jahrelang Geld zurückzahlen, doch das Grundproblem war gelöst. Ein völlig neues Leben begann für mich, Christine und die ganze Familie.

Wie hat deine Familie von deiner Veränderung erfahren und wie hat sie darauf reagiert?

Bei einem Besuch bei meinem Bruder kam das Gespräch auf mich und er fragte mich: «Yusuf, bist du kein Muslim mehr?» In diesem Moment kam mir die Szene in den Sinn, wo Petrus Jesus dreimal verleugnet hat. Ich spürte sofort, dass ich mich jetzt zu Jesus bekennen musste und sagte: «Nein, ich bin Christ geworden!» Mein Bruder, ein Hadschi, der die grosse Wallfahrt nach Mekka gemacht hatte und sehr überzeugt als Muslim lebt, konnte es nicht fassen und sagte: «Du machst Spass!» «Nein, ich bin Christ!», sagte ich. In diesem Moment klingelte es an der Türe und ein unerwarteter Besuch kam. Wir mussten das Gespräch unterbrechen. Anschliessend fuhren wir mit dem Zug nach Hause. Wir waren kaum zuhause, da läutete das Telefon heiss. Zuerst rief mein Bruder an, dann meine Schwester und darauf auch noch meine Eltern. Sie alle wollten mich nicht mehr sehen und nichts mehr von mir wissen.

Blieb es bei dieser Ablehnung?

Mein Vater hatte einen Herzinfarkt. Deswegen besuchte ich ihn oft. Als Folge davon war er nach neun Monaten zur Versöhnung bereit. Bei meiner älteren Schwester war der Kontakt nach eineinhalb Jahren wieder möglich. Mein älterer Bruder nahm nach vier Jahren mit mir Kontakt auf, weil er mit mir reden wollte, aber nicht bei mir zuhause, weil ihn das verunreinigen würde. So trafen wir uns in einem Restaurant. Dort lud er mich dreimal ein, wieder zum Islam zurückzukehren. Ich weigerte mich. Wir diskutierten kurz über Islam, den Propheten Mohammed und Jesus. Weil ich es ablehnte, zum Islam zurückzukehren, wurde mein Bruder sehr böse und sagte: «Wenn ich jetzt eine Pistole bei mir hätte, würde ich dich erschiessen!»

Nach dem Islam hat man die Freiheit, wenn jemand nach der dreimaligen Einladung, wieder zum Islam zurückzukehren, dem nicht Folge leistet, diese Person zu töten. Und er hätte mich getötet, weil er in der Moschee gelernt hat, dass ein vom Islam Abgefallener in die Hölle kommt. Wird er jedoch getötet, dann gilt er noch als Halbmuslim und kann, so Allah will, ins Paradies kommen. Mein Bruder hätte mir damit – nach seiner Überzeugung – noch etwas «Gutes» tun wollen.

Yusuf und seine ganze Familie freuen sich, heute mit Jesus Christus leben zu dürfen.

Gott sei Dank hat er mich inzwischen akzeptiert, weil er meine Veränderung wahrgenommen hat.

Du redest heute oft mit deinen muslimischen Landsleuten über den Glauben: Welche Erfahrungen hast du dabei gemacht?

Eine Erfahrung hat sich tief in mir eingegraben. Wir begannen am frühen Abend über den Koran und die Bibel zu diskutieren. Wir diskutierten und diskutierten und morgens um vier, als wir aufhörten, hatten wir noch genau die gleichen Fragen wie zu Beginn. Da wurde mir klar: Streitgespräche bringen nichts.

Heute erzähle ich von meinem Leben und besonders von meinen Erfahrungen mit Jesus und sage: «Lest den Koran und lest die Bibel und vergleicht selber.» Zwar kommt dann oft der Einwand, dass die Bibel verfälscht sei. Doch auch da ermutige ich: «Lest und vergleicht selber. Entdeckt selber, was wahr ist! Dann können wir uns anschliessend über unsere Erfahrungen austauschen». Meine Erfahrung zeigt es: Es ist der Heilige Geist selbst, der zu den Herzen der Menschen sprechen muss. Überzeugenwollen verhärtet nur die meist bereits festgefahrenen gegensätzlichen Meinungen und Überzeugungen.

Ich gebe dann den Tipp, beim Neuen Testament mit dem Lukas- oder Johannes-Evangelium zu beginnen. Doch meine Landsleute, die Türken, lesen nicht gerne. So haben auch viele noch nie im Koran gelesen. Sie glauben und erzählen einfach, was sie in der Moschee gehört haben. Deshalb gebe ich ihnen oft auch eine DVD zum Lukas-Evangelium. Dann lernen sie die Geschichte von Jesus in nur zwei Stunden kennen.

Yusuf, was möchtest du uns zum Schluss noch sagen?

Es gibt nur etwas, was ich euch ans Herz legen möchte: Habt die Muslime, die hier bei uns leben, gern. Vergesst ihren Hintergrund und ihren Glauben, der euch vielleicht innerlich etwas zurückschrecken lässt. Betrachtet die Muslime am Arbeitsplatz, in der Nachbarschaft und überall, wo ihr mit ihnen in Kontakt kommt, als Menschen, die Gott am Herzen sind. Seid freundlich und werdet ihre Freunde. Geht auf sie zu und liebt sie, wie Jesus das tun würde. Sie müssen eure Liebe zu ihnen spüren, dann entwickelt sich vieles von selbst.

Nachwort: Zeugen des Evangeliums sein!

Liebe Leserin, lieber Leser,

Sie sind am Ende dieser Schrift angekommen. Vielleicht sind Sie froh, das Buch «geschafft» zu haben. Vielleicht hat Sie das Buch auch zum Nachdenken angeregt. So ist es jedenfalls mir ergangen. Und so erlaube ich mir, Ihnen mitzuteilen, was mich persönlich bewegt.

Zuallererst nehme ich in mir eine grosse Dankbarkeit wahr, dass ich Christ sein und in Beziehung mit diesem Gott der Liebe sein darf. Seine Fürsorge, sein Verzeihen sowie das Leben in der Freiheit und Freude als Kind Gottes möchte ich durch nichts eintauschen. Und noch weniger die Gewissheit, dass durch die Gnade dieses Gottes alles heil und gut wird und er mich ewig mit seiner Liebe beschenken will.

Aber mich bewegt unsere Situation hier im Westen. Der in Kairo wohnhafte Jesuit Henri Boulad sagte in einem Interview, dass wir im Westen in Gefahr seien, dem Islam entweder mit Naivität oder mit einer Zurückweisung zu begegnen, die rassistisch werden könnte. Er stellt dann klar: «Es gilt, selbstbewusst und wachsam zu sein gegenüber allen Versuchen der Islamisierung Europas. Der Kontinent riskiert stark die Intoleranz einzuführen, indem er sich tolerant zeigt.» Das ist das Erste, was mir selbst das Schreiben dieses Buches gebracht hat: Mir sind ein Stück weit die Augen aufgegangen.

Damit verbunden ist der Schmerz zu sehen, wie viele Christen weltweit wegen ihres Glaubens Verfolgung erleiden, Nachteile einstecken müssen, in grossen Ängsten leben und gerade in islamischen Ländern unter solchem Druck stehen, dass viele auswandern oder ihren Glauben verraten. Und dann sehe ich auf der anderen Seite, wie das Christentum bei uns mehr und mehr verbürgerlicht wird und als Kulturchristentum an Glaubenskraft, Ausstrahlung und Freude verliert.

Herausforderungen

Wenn ich über all das nachdenke, so stehen wir als Kirche heute vor vier fundamentalen Herausforderungen: als Christen zusammenrücken (Ökumene), persönlich tiefer aus den Quellen des Glaubens zu leben, neu das Evangelium zu verkünden und für die verfolgten Christen zu beten.

– Miteinander für Christus einstehen

In unserer Zeit, in welcher wir einerseits einer wachsenden Islamisierung und noch mehr einer wachsenden Säkularisierung gegenüberstehen, sind wir Christen gefordert, die Zeichen der Zeit zu erkennen. Wir können es uns angesichts dieser riesigen Not nicht mehr leisten, den Kopf in den Sand zu stecken und uns auf Graben- und Konkurrenzkämpfe zu konzentrieren. Heute geht es zuerst und radikal um Jesus Christus selbst - in einer Gesellschaft, die ihn immer mehr einfach ignoriert.

Gemäss dem Wort des Meisters selbst gewinnt er als der Auferstandene an Glaubwürdigkeit, wenn wir, seine Jünger – gleichgültig zu welcher Kirche oder Denomination wir uns bekennen – in Liebe zusammenstehen und gemeinsam Zeugnis für Ihn ablegen *(vgl. Joh 13,35; 17, 21)*. In diesem Sinn danke ich Christen aus verschiedenen Kirchen und Denominationen, die mich in der Arbeit an dieser Schrift unterstützt haben.

– Selbst aus den Quellen des Glaubens leben

Nur wer isst und trinkt, nimmt Energie auf. Für einen gläubigen Muslim ist es selbstverständlich, täglich 30-50 Minuten (die rituellen Gebete zu verrichten) zu beten. Und was ist unsere tägliche Ration von geistlicher Nahrung? «Der Christ wird ein Mystiker sein, oder er wird nicht mehr sein» Dieses bekannte Wort des grossen Theo - logen Karl Rahner bewahrheitet sich heute. Wenn Christen nicht mehr täglich aus der Quelle der persönlichen Christusfreundschaft leben, verliert ihr Glaube mehr und mehr an Kraft und Freude.

Für Christen ist eine wesentliche Quelle die Gemeinschaft. Da Gott dreifaltig, also ein Gott in drei Personen – und somit Beziehung und Gemeinschaft – ist, offenbart er seine Gegenwart vor allem in der Gemeinschaft. Dort schenkt er Kraft, Trost und Inspiration. Von da her ist die Gemeinschaft mit Glaubensgeschwistern (in Glaubensgruppen) und die Gemeinschaft im Gottesdienst (als gemeinsames Beten und Feiern) unentbehrlich, um ein kraftvolles und frohes Christsein leben zu können.

– Das Evangelium neu verkünden

Jesus Christus ist immer mehr Menschen in unserer Umgebung nie entsprechend ihrer Lebenssituation verkündet worden. Auch wer noch den Religionsunterricht besucht hat, braucht einen erwachsenen Glauben, um damit in der Gesellschaft von heute, wo dem Christentum oft ein rauer, kalter Wind entgegenweht, bestehen zu können.

Deshalb ist es die dringendste Aufgabe, neu das Evangelium zu verkünden. Doch nur Begeisterte können begeistern. Nur Feuer kann entzünden. Wir können nur Zeugen sein, wenn wir etwas persönlich erfahren haben. Was sollen wir sonst be-zeugen? So steht an erster Stelle immer die persönliche Selbstevangelisation und die der Pfarrgemeinden.

– Für die verfolgten Christen beten

Durch die Taufe werden alle Christen in den Leib Jesu Christi aufgenommen und sind untereinander Schwestern und Brüder. Wir gehören zusammen als eine grosse Familie. Deshalb kann es uns nicht gleichgültig sein, ja es betrifft uns selbst, wenn Glaubensgeschwister Verfolgung erleiden. Da sind wir eingeladen, sie im Gebet zu unterstützen. Im Gebet fliesst Gottes Kraft zu den verfolgten Gliedern des Leibes Christi. Sie wiederum fördern und stärken unseren Glauben durch ihre Opfer, die sie für ihren Glauben bringen. Und was sind wir bereit, für sie und für Jesus Christus zu tun?

«Selig seid ihr, wenn ihr um meinetwillen beschimpft und verfolgt und auf alle mögliche Weise verleumdet werdet. Freut euch und jubelt: Euer Lohn im Himmel wird groß sein» (Mt 5,12). Die Erfahrung zeigt: Wo Christen für ihre verfolgten Glaubensgeschwister beten, werden sie selbst von neuer Glaubenskraft erfüllt. Das war auch der Grund, weshalb in der frühen Kirche die Christen die Gräber von Märtyrern aufsuchten und dort beteten.[138]

[138] CSI (Christian Solidarity International) ist eine christliche Menschenrechtsbewegung für Religionsfreiheit und Menschenwürde, die besonders auch zum Gebet für die verfolgten Christen ermutigt.

Quellenhinweise

Bücher

Christine Schirrmacher, Der Islam. Geschichte-Lehre-Unterschiede zum Christentum, Band 1 und 2, Hänssler: Holzgerlingen, 2003.
Christoph Gellner, Der Glaube der Anderen. Christsein inmitten der Weltreligionen, Patmos: Düsseldorf, 2008.
Hadhrat Mirza Masroor Ahmad u.a., Koran. Der Heilige Qur-Ân, Arabisch-Deutsch, Verlag Der Islam: Frankfurt, 2009.
Heinz Gstrein, Kleines Islamlexikon. Die 50 wichtigsten Begriffe aus dem Islam, Zukunft CH: Binz, 2008.
Jean-François Six, Charles de Foucauld. Mit Leidenschaft und Entschlossenheit, Don Bosco: München, 2008.
Joachim Gnilka, Bibel und Koran. Was sie verbindet, was sie trennt, Herder: Freiburg im Breisgau, 2004.
Joachim Gnilka, Die Nazarener und der Koran. Eine Spurensuche, Herder: Freiburg im Breisgau, 2007.
Mark A. Gabriel, Jesus und Mohammed. Erstaunliche Unterschiede und überraschende Ähnlichkeiten, Resch: Gräfelfing, 2006.
Rudi Paret, Der Koran, W. Kohlhammer: Stuttgart 2010.
Samir Khalil Samir, 100 Fragen zum Islam. Warum wir die Muslime nicht fürchten müssen, Sankt Ulrich: Augsburg, 2009.
Tilbert Moser u.a., Der Islam – eine heilsame Herausforderung für Christen, für Israel, für die Welt (GGE aktuell), Geistliche Gemeinde-Erneuerung in der Evangelischen Kirche: Hamburg, 2007.

Zeitschriften

Den Islam verstehen, in: Bausteine. Zeitschrift für Ethik, Gesellschaft und Kirche, VBG-Verlag: Zürich, No 3/2007.
Miteinander-Nebeneinander-Gegeneinander? Muslime unter uns. Eine Bestandsaufnahme, in: Freundesbrief der ökumenischen Kommunität Offensive Junger Christen ojc Salzkorn, Christen in der Offensive e.V.: Reichelsheim, 1/2005.
P. Hildebrand (Peter) Meienberg, Wir und die Muslime – im Dialog?, in: Missionsblätter der Benediktiner-Missionare Uznach, 113. Jahrgang, 2009.

Vinzentinische Nachrichten Nr. 95, 97, 101 und 111, Missionspriester vom hl. Vinzenz von Paul, Bruck a. d. Mur.

Websites

Websites, die hilfreiche Informationen gaben, waren unter anderen:

Alexander Ritzmann, Terrorismus. Die Ideologie der Heiligen Krieger, in: Welt online, Nov 2007.
Arbeitskreis Theologie und Katechese e.V. (ATK), Handreichung Islam und Christentum, Gemeinsamkeiten – Unterschiede – Gegensätze: Freiburg, 2008.
BRSD (Bund der Religiösen Sozialistinnen und Sozialisten Deutschlands e.V., Zusammenleben von Christen und Muslimen. Was verbindet – was trennt uns? CuS 4/2006.
Christine Schirrmacher, Selbstmord, Märtyrertum, Jjhad – Auffassungen aus Koran, Theologie und Gesellschaft, in: Professorenforum-Journal 2005, Vol. 6, No 2.
Christopher M. Blanchard, Al Qaeda: Statements and Evolving Ideology, in: CRS Report for Congress, 2004.
Erzbischof Edmond Farhat, Wer ist die Maria im Islam? Wien, 2010.
Gerhard Nehls, Wir verstehen und reden, in: Answering Islam. Christen antworten Muslimen.
Innenministerium NRW: Ideologische Hintergründe der Al-Qaida, 2002.
Islamische Hochschulvereinigung Würzburg, Mohammed (Friede und Segen auf ihm): Der Prophet des Islams. Eine Kurzbiographie.
Martin von Arndt, Zur Geschichte islamischer Reformbewegungen, in: Islam-Fundamentalismus, Re-Islamisierung und «Islamismus», 2004.
Peter Güller, Reformbewegungen, in: Forum für fortschrittlichen Islam.
Phil Baumann, Der Umgang mit dem Islam in der Schweiz, 2008.
Rudolf Grulich, Es gibt keine Alternative zum Dialog mit dem Islam, Das zweite Vatikanum und die Päpste weisen den Weg, Die Tagespost, Okt 2010.

Veröffentlichungen des WeG Verlages

Von der Freude des Christseins
Der christliche Glaube ist Evangelium: Botschaft der Freude. Hier wird aufgezeigt, wie die Freude am Christsein wachsen kann und was sie erstickt. Für alle, die mit mehr Freude ihren Glauben leben möchten. *32 Seiten mit 3 Farbbildern*

Wozu lebe ich?
Meditativ und klar – versehen mit schönen Farbbildern – werden hier Antworten aufgezeigt, die helfen, das eigene. Leben sinnvoller zu gestalten. Auch als Geschenk empfehlenswert. *48 Seiten mit 9 Farbbildern*

Reinkarnation und Auferstehungsglaube
Sachlich und informativ wird hier aus christlicher Sicht aufgezeigt, worin sich Auferstehungsglauben und Reinkarnation unterscheiden. Die Schrift dient allen, die für sich selbst hierüber mehr Klarheit suchen oder andere klärend begleiten möchten. Sie vertieft die Auferstehungsfreude. *68 Seiten mit 6 Farbbildern*

Vom Diesseits zum Jenseits. Tod – und was dann?
In dieser Schrift werden – ausgehend von der Bibel – in einfacher und verständlicher Form folgende Themen erläutert: Das christliche Sterben, die Wiederkunft Jesu Christi, das Gericht, die Hölle, das Fegfeuer und der Himmel. Sehr hilfreich! *48 Seiten mit 5 Farbbildern*

Einheit macht stark
Jesus ging souverän seinen Weg. Er strahlte eine grosse Freiheit und Sicherheit aus. Wie können wir an seiner Souveränität und Stärke Anteil erhalten? Was fördert und gefährdet die Einheit unter uns? Dazu gibt diese Schrift wertvolle Impulse. *40 Seiten mit 2 Farbbildern*

Altes Testament - heute noch aktuell? Erste Zugänge zum Verständnis.
Viele typische Fragen zum Alten Testament werden hier in einen neuen Zusammenhang gestellt und so erklärt, dass darin die bleibende Botschaft des liebenden Gottes aufleuchtet. *48 Seiten mit 8 Farbbildern*

Brennender Dornbusch. Eine Gebetsinitiative
Inspiriert von Sr. Elena Guerra, der Apostolin des Heiligen Geistes, zeigt die Gebetsinitiative Wege auf, wie wir heute um ein „neues Pfingsten" beten können. Geeignet für Einzelpersonen, Gruppen und Pfarreien. *40 Seiten mit 5 Farbbildern*

Brannte uns nicht das Herz…? Einführung ins innere Gebet. *Pilgerbuch*
Eine Einführung für alle, die ihr Gebet vertiefen möchten. *232 Seiten mit 26 Farbbildern*

Wachsen in der Kraft des Heiligen Geistes
Der Heilige Geist will uns froh und glücklich machen. Er will in uns wachsen und Seine Kraft in unserem Leben offenbaren. So wirkt der Heilige Geist in Tugenden, Gaben, Sakramenten, Früchten und Charismen. In dieser Schrift wird ins vielfältige Wirken des Heiligen Geistes eingeführt (auch in den geistlichen Kampf) und aufgezeigt, wie wir kraftvoll und mit Freude unsere Sendung leben können. *120 Seiten mit 10 Farbbildern*

Gebote als Lebenshilfe. Die Zehn Gebote neu erklärt
Die Zehn Gebote sind die Grundlage der menschlichen Gesellschaft. Ausgehend von der biblischen Ursprungsbedeutung wird der heutige Sinn der Gebote dargelegt. Dabei wird offensichtlich, wie die Gebote uns helfen das Leben besser und froher zu gestalten. *112 Seiten*

Nachfolge – Gottes Reich wächst! Impulse zum Lukas-Evangelium und zur Apostelgeschichte.
Sämtliche Texte werden in 209 Impulsen verständlich erklärt und geben inspirierende Impulse für die Nachfolge Jesu. Biblisches Wissen und geistliche Deutung ergänzen sich. Auch als Nachschlagewerk geeignet. *336 Seiten mit 18 Farbbildern*

Christus in der Kirche. Katholische Schätze entdecken.
Ausgehend von der Bibel gibt dieses spirituelle Buch einen umfassenden Einblick ins katholische Glaubensverständnis. Viele geschichtliche Entwicklungen werden dargelegt. Auf viele Fragen – auch zur katholischen Sichtweise – werden leicht verständliche Antworten gegeben. Eine Fundgrube für alle, die mehr wissen und die katholischen Schätze entdecken wollen. *280 Seiten mit 49 Farbbildern*

«Willst du gesund werden?» Gottes Wege zum Heil. Mit Unterscheidungshilfen zu alternativen Heilpraktiken.
Viele Menschen suchen nach Heilung und Hilfe in ihren Beschwerden und Leiden. Gott will uns Menschen glücklich machen und uns in vielfältiger Weise Heilung und Heil schenken – auch heute! In diesem Buch wird Gottes Sicht über Heilung und Krankheit dargelegt und ermutigt Gottes Wegen zum Heil zu vertrauen und ihnen zu folgen. Dazu werden, ausgehend vom christlichen Welt- und Menschenbild, Unterscheidungshilfen zu heute aktuellen (vielfach östlichen) Heilpraktiken dargelegt. *168 Seiten*

Leiden – wozu? Biblische Impulse zur Leidbewältigung
Warum? Hinter dieser Frage steht oft die existenzielle Not: Wie kann dieses Leiden bewältigt werden? Das Buch zeigt, wie aus unvorstellbarem Leiden Segen wachsen kann. Für alle, die in Leiderfahrungen Hilfe suchen oder anderen helfen möchten. *112 Seiten*

Wie der Glaube Frucht bringt? Etappen und Krisen im geistlichen Leben.
Glaube will ausstrahlen, Freude und Frucht bringen. Dies geschieht, wenn die Beziehung zu Gott in allen Phasen des Lebens – auch in Krisen und Enttäuschungen reift und weiterwächst. Dazu ermutigt diese Schrift, die eine wertvolle Einführung und Orientierung fürs geistliche Leben gibt. *56 Seiten mit 9 Farbbildern*

Komm und sieh. *Themen zum Glaubenskurs*
Ausgehend von der Originalität des Menschen führt diese Schrift Schritt für Schritt zu einer neuen überraschend-schönen Sichtweise des Christseins hin: Jesus als Freund, Heilung unserer Beziehungen, Heiliger als Ermöglicher eines neues Lebensstils sind einige Themen. *136 Seiten mit 14 Farbbilder*

Eucharistie – ein Weg der Wandlung. *Teilnehmerheft mit liturgischen Erklärungen.*
Betrachtungstexte, Erfahrungsberichte sowie theologische Reflexionen zu aktuellen Themen fördern das tiefere Erleben der Eucharistie. *128 Seiten*

Eucharistie – ein Weg der Wandlung. *Lesebuch*
Das Buch will zum Verständnis und zum vertieften Erleben der Eucharistie hinführen. In Anlehnung an die Emmausgeschichte wird der Ritus erklärt und Schritt für Schritt für das eigenen Leben fruchtbar gemacht. *88 Seiten mit 10 Farbbildern*

Neu anfangen. *Themen zum Glaubenskurs*
Bilder von Gott, Glauben, Erlösung, Vergebung, Auferstehung, usw. … werden neu betrachtet und wollen zu einer neuen Erfahrung hinführen. In erfrischender Weise regen die Impulse zu einem befreienden christlichen Leben an. *96 Seiten mit 10 Farbbildern*

Vater unser. *Lesebuch*
Das Buch führt nicht nur in ein neues Verständnis des Gebetes Jesu ein, sondern hilft Alltag und Glauben als Einheit zu entdecken. Ein neues und frohes Beten führt in den erlösten Lebensstil der Freiheit und Freude der Kinder Gottes ein. *136 Seiten mit 13 Farbbildern*

SCHAFRA – ein Pfarrhund erzählt
Schafra eine kleine Welpe erzählt, wie sie ins Pfarrhaus in die Stadt kam und was sie dort alles Spannendes erlebte. Ein lustiges Buch mit vielen frohen Bildern für Kinder ab 3 Jahren. Autor: Pfarrer McNeil. *40 Seiten*

Weitere Informationen über die Schriften des WeG Verlages mit Bestellmöglichkeit sowie Impulstexte, Video- und Audiovorträge finden Sie unter: www.weg-verlag.ch